KB101138

| | |
|---|---|
| **펴낸이** | 김기훈 · 김진희 |
| **펴낸곳** | (주)쎄듀 / 서울시 강남구 논현로 305 (역삼동) |
| **발행일** | 2018년 9월 14일 제1개정판 1쇄 |
| **내용문의** | www.cedubook.com |
| **구입문의** | 마케팅 사업총괄부 |
| | Tel. 02-6241-2007 |
| | Fax. 02-2058-0209 |
| **등록번호** | 제 22-2472호 |
| **ISBN** | 978-89-6806-125-7 |

**저자**

**쎄듀 영어교육연구센터**
쎄듀 영어교육센터는 영어 콘텐츠에 대한 전문지식과 경험을 바탕으로
최고의 교육 콘텐츠를 만들고자 최선의 노력을 다하는 전문가 집단입니다.
**인지영** 선임연구원 · **조현미** 주임연구원 · **최세림** 주임연구원

| | |
|---|---|
| **기획** | 푸른나무교육(GTE) Korea |
| **마케팅** | 민혜정, 문병철, 장은비 |
| **영업** | 문병구, 장동철 |
| **제작** | 정승호 |
| **인디자인 편집** | 푸른나무교육(GTE) Korea |
| **디자인** | 윤혜영, 이연수 |
| **영문교열** | Adam Miller |

# READING 16

LEVEL. 2

# OVERVIEW 이 책의 구성

## ➡ 유형 소개 & 유형 전략

문제 유형별 특징 소개 & 문제 해결 전략 제시

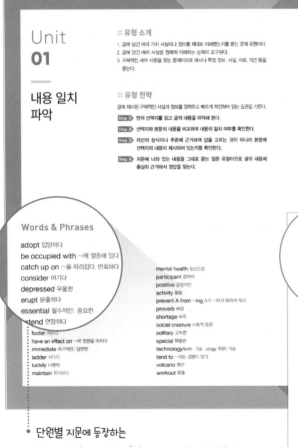

Unit
01

내용 일치
파악

※ 유형 소개
1. 글에 담긴 여러 가지 사실이나 정보를 제대로 이해했는지를 묻는 문제 유형이다.
2. 글에 담긴 여러 사실을 정확히 이해하는 능력이 요구된다.
3. 구체적인 세부 사항을 찾는 문제이므로 예시나 특정 정보, 사실, 자료, 의견 등을 묻는다.

※ 유형 전략
글에 제시된 구체적인 사실과 정보를 정확하고 빠르게 확인하여 읽는 습관을 기른다.
Step 1 ▶ 먼저 선택지를 읽고 글의 내용을 파악해 본다.
Step 2 ▶ 선택지와 본문의 내용을 비교하여 내용의 일치 여부를 확인한다.
Step 3 ▶ 자신의 상식이나 추론에 근거하여 답을 고르는 것이 아니라 본문에 선택지의 내용이 제시되어 있는지를 확인한다.
Step 4 ▶ 지문에 나와 있는 내용을 그대로 묻는 질문 유형이므로 글의 내용에 충실히 근거해서 정답을 찾는다.

### Words & Phrases

adopt 입양하다
be occupied with ~에 열중해 있다
catch up on ~을 따라잡다, 만회하다
consider 여기다
depressed 우울한
erupt 분출하다
essential 필수적인; 중요한
extend 연장하다
foster 기르다
have an effect on ~에 영향을 미치다
immediate 즉각적인; 당면한
ladder 사다리
luckily 다행히
maintain 유지하다

mental health 정신건강
participant 참여자
positive 긍정적인
activity 활동
prevent A from ~ing A가 ~하지 못하게 하다
proverb 속담
shortage 부족
social creature 사회적 동물
solitary 고독한
special 특별한
technology(tech- 기술, -ology 학문) 기술
tend to ~하는 경향이 있다
volcano 화산
workout 운동

**단원별 지문에 등장하는**
주요 어휘, 숙어, 파생어 학습

## ➡ 유형별 독해 Example

전략을 적용하여 문제를 해결하는 예시 문제

### Example

**다음 글의 내용과 일치하지 않는 것은?**
정답 및 해설 p.02

Arbor Day is a special day when people are encouraged to plant and care for trees. It was founded by Julius Morton in Nebraska, United States. Morton and his wife loved nature and planted a lot of trees, shrubs and flowers around their house. Morton not only supported tree planting by individuals but wanted groups and organizations to join in. The first Arbor Day was a great success. Around one million trees were planted in Nebraska. Today, many countries have a similar holiday. Although Arbor Day usually comes in the spring, the date varies depending on the planting season.

① 식목일은 미국의 한 개인에게서 시작되었다.
② Morton은 개인적으로 나무와 식물들을 좋아했다.
③ 최초의 식목일에 Nebraska 주에서는 백만 그루 정도의 나무를 심었다.
④ 많은 나라들이 식목일을 같은 날 기념한다.
⑤ 개인들뿐 아니라 여러 단체들도 나무 심기에 동참했다.

**문제 해결하기**

Step 1 ▶ **선택지로 글의 내용 유추하기**
이 글은 식목일의 역사와 사실을 서술하고 있다.

Step 2 ▶ **선택지와 본문의 내용 비교**
① It was founded by Julius Morton in Nebraska, United States.
② Morton and his wife loved nature and planted a lot of trees, shrubs and flowers around their house.
③ The first Arbor Day was a great success. Around one million trees were planted in Nebraska.
④ Although Arbor Day usually comes in the spring, the date varies depending on the planting season.
⑤ Morton not only supported tree planting by individuals but wanted groups and organizations to join in.

Step 3 ▶ **상식과 추론 배제**
식목일이 모두 4월 5일이라는 생각을 배제한다. Although Arbor Day usually comes in the spring, the date varies depending on the planting season.

Step 4 ▶ **정답 확인하기**
식목일이 보통 봄이기는 하지만 날짜는 심는 시기에 따라 다르다고 했으므로 정답은 ④이다.

special 특별한  encourage 장려하다, 권장하다  care for 돌보다  found 만들다, 설립하다  shrub 관목  around 주위에; 대략  not only A but (also)
B A뿐만 아니라 B도  support 지원하다  individual 개인  organization 조직(organ 기관)  join 합류하다  vary 다르다  depending on ~에 따라

**원어민 발음으로**
들어보는 지문별 QR코드

Unit 01 내용 일치 파악  9

## ➡ 유형별 독해 Practice

실전 연습을 위한 다양한 소재의 독해 지문 + 심화 학습을 위한 장문 독해

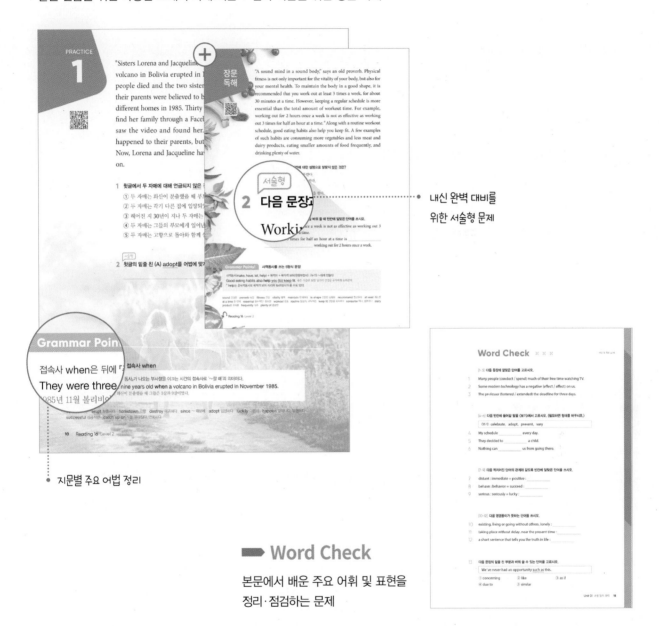

내신 완벽 대비를
위한 서술형 문제

지문별 주요 어법 정리

## ➡ Word Check

본문에서 배운 주요 어휘 및 표현을
정리·점검하는 문제

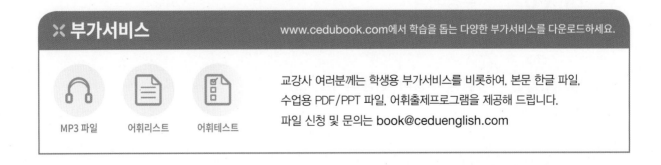

# CONTENTS 목차

# Unit 01

## 내용 일치 파악

1. 글에 담긴 여러 가지 사실이나 정보를 제대로 이해했는지를 묻는 문제 유형이다.
2. 글에 담긴 여러 사실을 정확히 이해하는 능력이 요구된다.
3. 구체적인 세부 사항을 찾는 문제이므로 예시나 특정 정보, 사실, 자료, 의견 등을 묻는다.

### ※ 유형 전략

글에 제시된 구체적인 사실과 정보를 정확하고 빠르게 확인하며 읽는 습관을 기른다.

**Step 1** 먼저 선택지를 읽고 글의 내용을 파악해 본다.

**Step 2** 선택지와 본문의 내용을 비교하여 내용의 일치 여부를 확인한다.

**Step 3** 자신의 상식이나 추론에 근거하여 답을 고르는 것이 아니라 본문에 선택지의 내용이 제시되어 있는지를 확인한다.

**Step 4** 지문에 나와 있는 내용을 그대로 묻는 질문 유형이므로 글의 내용에 충실히 근거해서 정답을 찾는다.

## Words & Phrases

adopt 입양하다
be occupied with ~에 열중해 있다
catch up on ~을 따라잡다, 만회하다
consider 여기다
depressed 우울한
erupt 분출하다
essential 필수적인; 중요한
extend 연장하다
foster 키우다
have an effect on ~에 영향을 미치다
immediate 즉각적인; 당면한
ladder 사다리
luckily 다행히
maintain 유지하다

mental health 정신건강
participant 참여자
positive 긍정적인
activity 활동
prevent A from ~ing A가 ~하지 못하게 하다
proverb 속담
shortage 부족
social creature 사회적 동물
solitary 고독한
special 특별한
technology(tech- 기술, -ology 학문) 기술
tend to ~하는 경향이 있다
volcano 화산
workout 운동

# Example

**다음 글의 내용과 일치하지 <u>않는</u> 것은?**

Arbor Day is a special day when people are encouraged to plant and care for trees. It was founded by Julius Morton in Nebraska, United States. Morton and his wife loved nature and planted a lot of trees, shrubs and flowers around their house. Morton not only supported tree planting by individuals but wanted groups and organizations to join in. The first Arbor Day was a great success. Around one million trees were planted in Nebraska. Today, many countries have a similar holiday. Although Arbor Day usually comes in the spring, the date varies depending on the planting season.

① 식목일은 미국의 한 개인에게서 시작되었다.
② Morton은 개인적으로 나무와 식물들을 좋아했다.
③ 최초의 식목일에 Nebraska 주에서는 백만 그루 정도의 나무를 심었다.
④ 많은 나라들이 식목일을 같은 날 기념한다.
⑤ 개인들뿐 아니라 여러 단체들도 나무 심기에 동참했다.

## ✕ 문제 해결하기

**Step 1  선택지로 글의 내용 유추하기**
이 글은 식목일의 역사와 사실을 서술하고 있다.

**Step 2  선택지와 본문의 내용 비교**
① It was founded by Julius Morton in Nebraska, United States.
② Morton and his wife loved nature and planted a lot of trees, shrubs and flowers around their house.
③ The first Arbor Day was a great success. Around one million trees were planted in Nebraska.
④ Although Arbor Day usually comes in the spring, the date varies depending on the planting season.
⑤ Morton not only supported tree planting by individuals but wanted groups and organizations to join in.

**Step 3  상식과 추론 배제**
식목일이 모두 4월 5일이라는 생각을 배제한다. Although Arbor Day usually comes in the spring, the date varies depending on the planting season.

**Step 4  정답 확인하기**
식목일이 보통 봄이기는 하지만 날짜는 심는 시기에 따라 다르다고 했으므로 정답은 ④이다.

special 특별한  encourage 장려하다. 권장하다  care for 돌보다  found 만들다. 설립하다  shrub 관목  around 주위에; 대략  not only A but (also) B A뿐만 아니라 B도  support 지원하다  individual 개인  organization 조직(organ 기관)  join 합류하다  vary 다르다  depending on ~에 따라

*Sisters Lorena and Jacqueline were three and nine years old when a volcano in Bolivia erupted in November 1985. More than 20,000 people died and the two sisters' hometown was destroyed. Since their parents were believed to be dead, the two sisters (A) adopt to different homes in 1985. Thirty years later, one of the sisters tried to find her family through a Facebook video. Luckily, the other sister saw the video and found her. They also tried to find out what happened to their parents, but they haven't been very successful. Now, Lorena and Jacqueline have thirty years of stories to catch up on.

**1** 윗글에서 두 자매에 대해 언급되지 <u>않은</u> 것은?

① 두 자매는 화산이 분출했을 때 부모를 잃었다.

② 두 자매는 각기 다른 집에 입양되었다.

③ 헤어진 지 30년이 지나 두 자매는 서로를 만났다.

④ 두 자매는 그들의 부모에게 일어난 일을 모른다.

⑤ 두 자매는 고향으로 돌아와 함께 살게 되었다.

서술형
**2** 윗글의 밑줄 친 (A) **adopt**를 어법에 맞게 고쳐 쓰시오.

_____

**Grammar Points!**　　접속사 when

접속사 when은 뒤에 『주어 + 동사』가 나오는 부사절을 이끄는 시간의 접속사로 '~할 때'의 의미이다.
They were three and nine years old **when** a volcano in Bolivia erupted in November 1985.
1985년 11월 볼리비아의 한 화산이 분출했을 때 그들은 3살과 9살이었다.

volcano 화산　erupt 분출하다　hometown 고향　destroy 파괴하다　since ~ 때문에　adopt 입양하다　luckily 다행히　happen 일어나다, 발생하다
successful 성공적인　catch up on ~을 따라잡다, 만회하다

A new study found that unhappy people watch more TV than happy people. *The study was conducted with 30,000 adult participants. It shows that happy people watch about nineteen hours of TV a week while depressed people watch twenty five hours. People get enjoyment from TV in the short term. Yet TV fosters antisocial behavior. As they spend more time watching TV, they have less time for more positive activities, such as social activities with friends and family. Since humans are social creatures, <u>the solitary activity</u> may have a negative effect on their mental health in the long term.

**1** 윗글에서 새로운 연구의 내용과 일치하는 것은?

① 행복한 사람들은 TV를 더 많이 본다.
② 우울한 사람들은 일주일에 19시간 정도 TV를 본다.
③ TV는 장기적으로는 반사회적 성향을 감소시킨다.
④ TV 때문에 일부 사람들은 중요한 사회 활동을 줄인다.
⑤ TV는 단기간에 사람의 정신건강에 해를 준다.

[서술형]

**2** 윗글의 밑줄 친 the solitary activity가 가리키는 것을 본문에서 찾아 영어로 쓰시오.

_____

**Grammar Points!**  수동태 (be + p.p.)

수동태는 동사의 행위를 받는 대상이 주어로 쓰인다. 수동태의 형태는 『be + p.p.』이며 '~되다, 당하다'의 의미를 가진다.
The study **was conducted** with 30,000 adult participants. 그 연구는 3만 명의 성인 참여자에게 행해졌다.

conduct 행하다  participant 참여자  depressed 우울한  enjoyment 즐거움  in the short term 단기적으로(opp. in the long term 장기적으로)
foster 키우다  antisocial behavior 반사회적 행동(anti- 반, social 사회적인)  positive 긍정적인(opp. negative 부정적인)  activity 활동  such as
~와 같은  social creature 사회적 동물  solitary 고독한  have an effect on ~에 영향을 미치다  mental health 정신건강

*Most of us are more occupied with immediate concerns than the distant future. But people at the National Intelligence Council in the U.S. are different. The Council publishes a report on the future every four years. One of their recent reports is titled "What will the world be like in 2050?" As global warming extends the growing season, Canada and Russia will have stronger economies. However, corruption will prevent Russia _____ recapturing its place as a superpower. The United States will lose its power due to its domestic problems. Some governments in Africa will collapse because of food and water shortages.

**1** 윗글에서 2050년에 예상되는 내용과 <u>다른</u> 것은?

① 지구온난화 때문에 범죄와 부패가 증가한다.
② 러시아는 부패 때문에 세계적 강국으로 부상하지 못한다.
③ 미국은 국내문제 때문에 세계적 힘을 잃는다.
④ 일부 아프리카 정부는 식량 부족 때문에 와해된다.
⑤ 캐나다는 성장 시기가 길어져 경제가 튼튼해진다.

서술형
**2** 윗글의 빈칸에 들어갈 알맞은 전치사를 쓰시오

_____

---

**Grammar Points!** 형용사와 부사의 비교 구문

비교급 + than ~ : ~보다 더 …한
형용사나 부사의 비교 구문은 than을 써서 그 뒤에 비교의 대상을 나타낸다.
Most of us are **more** occupied with immediate concerns **than** the distant future.
우리들 대부분은 먼 미래보다 당면한 관심사에 더 열중해 있다.

---

be occupied with ~에 열중해 있다   immediate 즉각적인; 당면한   concern 우려; 관심사   distant 먼   publish 출간하다   report 보고서   recent 최근의   global warming 지구온난화   extend 연장하다   corruption 부패(corrupt 부패한)   prevent A from ~ing A가 ~하지 못하게 하다   recapture 탈환하다, 되찾다   due to ~때문에   collapse 무너지다, 와해되다   shortage 부족

Have you heard that a four-leaf clover brings you good luck? Or do you mind walking under a ladder even though it brings you bad luck? These are the examples of superstition. Superstitions are ideas that are not based on reason or fact, but people tend to believe them. Many American people avoid doing something important on Friday the 13th. *Likewise, many Chinese consider the number 4 to be unlucky because the Chinese pronunciation of 4 is similar to _____ of the word for death. Today, however, with the development of science and technology, many superstitions are not taken seriously anymore.

**1** 윗글에서 미신에 대한 설명으로 알맞은 것은?

① Superstitions are based on science and technology.

② With the development of science, we get more superstitions.

③ Superstitions are wrong ideas that people tend to believe.

④ Many American people think that the number 4 is unlucky.

⑤ Walking under a ladder brings you good luck.

서술형
**2** 윗글의 빈칸에 들어갈 알맞은 단어를 쓰시오.

_____

| Grammar Points! | consider A to be B : A가 B라고 여기다 |

Likewise, many Chinese **consider** the number 4 **to be** unlucky.
마찬가지로, 많은 중국인들이 숫자 4를 불운하다고 여긴다.

mind 꺼리다  ladder 사다리  superstition 미신  be based on ~에 근거를 두다  reason 이성  fact 사실  tend to ~하는 경향이 있다  avoid 피하다  consider 여기다  pronunciation 발음  be similar to ~와 비슷하다  development 발전  technology(tech- 기술, -ology 학문) 기술  take something seriously ~을 심각하게 받아들이다  anymore 더 이상

"A sound mind in a sound body," says an old proverb. Physical fitness is not only important for the vitality of your body, but also for your mental health. To maintain the body in a good shape, it is recommended that you work out at least 3 times a week, for about 30 minutes at a time. However, keeping a regular schedule is more essential than the total amount of workout time. For example, working out for 2 hours once a week is not as effective as working out 3 times for half an hour at a time. *Along with a routine workout schedule, good eating habits also help you keep fit. A few examples of such habits are consuming more vegetables and less meat and dairy products, eating smaller amounts of food frequently, and drinking plenty of water.

**1** 윗글에서 건강을 지키는 방법에 대한 설명으로 알맞지 <u>않은</u> 것은?

① 일주일에 적어도 3번은 운동한다.
② 채소를 육류보다 더 많이 섭취한다.
③ 적은 양의 음식을 자주 섭취한다.
④ 운동을 할 때 한꺼번에 오랜 시간을 한다.
⑤ 물을 충분히 마신다.

[서술형]

**2** 다음 문장과 같은 의미가 되도록 문장을 바꿔 쓸 때 빈칸에 알맞은 단어를 쓰시오.

Working out for 2 hours once a week is not as effective as working out 3 times for half an hour at a time.

→ Working out 3 times for half an hour at a time is _____ _____ _____ working out for 2 hours once a week.

---

**Grammar Points!** 사역동사를 쓰는 5형식 문장

사역동사(make, have, let, help) + 목적어 + 목적격 보어(원형부정사): (누가) ~하게 만들다
Good eating habits also **help** you **(to) keep** fit. 좋은 식습관 또한 당신이 건강을 유지하게 도와준다.
* help는 준사역동사로 목적격 보어 자리에 to부정사가 올 수도 있다.

---

sound 건강한  proverb 속담  fitness 건강  vitality 활력  maintain 유지하다  in shape 건강한 상태의  recommend 권고하다  at least 최소한  at a time 한 번에  essential 필수적인; 중요한  workout 운동  routine 일상의, 규칙적인  keep fit 건강을 유지하다  consume 먹다, 섭취하다  dairy product 유제품  frequently 자주  plenty of 충분한

# Word Check ✕ ✕ ✕

**[1-3] 다음 문장에 알맞은 단어를 고르시오.**

1   Many people (conduct / spend) much of their free time watching TV.

2   Some modern technology has a negative (effect / affect) on us.

3   The professor (fostered / extended) the deadline for three days.

**[4-6] 다음 빈칸에 들어갈 말을 〈보기〉에서 고르시오. (필요하면 형태를 바꾸시오.)**

> 〈보기〉 celebrate,  adopt,  prevent,  vary

4   My schedule _____ every day.

5   They decided to _____ a child.

6   Nothing can _____ us from going there.

**[7-9] 다음 짝지어진 단어의 관계와 같도록 빈칸에 알맞은 단어를 쓰시오.**

7   distant : immediate = positive : _____

8   behave : behavior = succeed : _____

9   serious : seriously = lucky : _____

**[10-12] 다음 영영풀이가 뜻하는 단어를 쓰시오.**

10   existing, living or going without others, lonely : _____

11   taking place without delay, near the present time : _____

12   a short sentence that tells you the truth in life : _____

13   **다음 문장의 밑줄 친 부분과 바꿔 쓸 수 있는 단어를 고르시오.**

> We've never had an opportunity <u>such as</u> this.

① concerning          ② like          ③ as if

④ due to          ⑤ similar

# Unit
## 02

## 글의 주제 및 제목 파악

### ✖ 유형 소개

1. 글에서 가장 일반적이고 공통적인 아이디어를 파악하는 문제 유형이다.
2. 전반적인 글의 흐름을 이해하고 글의 주제 및 제목을 찾는 능력이 필요하다.
3. 주제 및 제목을 파악하는 문제이므로 글의 세부사항들이 뒷받침하는 중심 생각을 찾는다.

### ✖ 유형 전략

글 전체의 내용을 포괄적으로 나타내는 생각을 찾아야 하며, 글의 일부분을 나타내거나 글에서 벗어나는 내용을 선택하지 말아야 한다.

**Step 1** 글을 전체적으로 보면서 어떤 글인지 확인한다.

**Step 2** 글에서 반복적으로 언급되는 핵심 단어나 소재를 찾는다.

**Step 3** 핵심 단어나 소재를 결합하여 주제문을 완성해본다.

**Step 4** 주제문이 글 전체를 포괄하는지 점검하고 세부사항들이 주제문을 뒷받침하는지 확인한다.

## Words & Phrases

achievement 성취
aspect 면; 양상
associate A with B A와 B를 연결시키다
banning 금지
cause 일으키다
community 지역사회(commune 공동체, -ity 상태)
dust 먼지
engage in ~에 참여하다
ensure 보장하다
experiment 실험
freedom 자유(free 자유로운 + -dom 상태)
injury 부상
interact 교류하다(inter- 상호의, act 행동하다)
interfere with ~을 방해하다
involved in ~에 참가한

obstacle 장애물
perform 행하다
phenomenon 현상
poisoning 중독
prevent 예방하다, 막다
reckless 무모한
remove 제거하다
result in ~의 결과를 낳다
sandstorm 모래폭풍
satisfaction 만족(satisfy 만족시키다)
self-confidence 자신감
so-called 소위
surface 표면
tough 거친

# Example

**다음 글의 주제로 알맞은 것은?**

Everyone has a memorable movie of their own. A memorable movie could be a movie from your childhood, or a movie that you watched with your loved ones, etc. Perhaps it could be a movie that you felt a strong connection to. Often times, people like to remember their favorite lines from these movies, and some of them memorize an entire movie. A lot of people say that these movies have changed their lives. It is truly remarkable to see how powerful a movie can be in people's lives.

① 개인마다 추억할 만한 영화가 필요하다.
② 강한 유대감을 느끼게 해주는 영화가 좋은 영화이다.
③ 기억에 남는 영화는 사람들의 삶에 큰 영향을 끼친다.
④ 영화 대사를 외우는 것은 사람들의 좋은 취미이다.
⑤ 사람들은 사랑하는 사람과 본 영화를 잊지 못한다.

## ✕ 문제 해결하기

**Step 1** 반복되는 핵심 단어나 소재 찾기
memorable movie가 가장 많이 반복되는 어구이다.

**Step 2** 핵심 단어와 소재로 주제문 만들기
기억에 남는 영화 + 유대감을 느낌(대사 혹은 영화 전체를 암기) + 일부는 영화가 자신의 삶을 바꿈 → 개인에게 기억에 남는 영화는 그 사람에게 큰 영향을 끼친다.

**Step 3** 주제문이 글 전체를 포괄하는지 확인
개인의 기억에 남는 영화 (어린시절 영화 or 사랑하는 사람과 본 영화) = 강한 유대감을 느낀 영화 (너무 좋아서 대사를 외움) → 자신의 삶을 변화시킴

**Step 4** 정답 확인하기
기억에 남는 영화는 사람들의 삶에 영향을 끼치므로 글 전체를 포괄하는 내용은 ③이다.

memorable 기억할 만한, 기억에 남는   of one's own 자신만의   childhood 어린 시절   loved one 사랑하는 사람   perhaps 아마도   connection 유대감, 연대감   often times 종종   favorite 가장 좋아하는   line 대사   memorize 외우다   entire 전체의   remarkable 놀라운   powerful 강력한

One aspect of college life that might seem interesting to many future college freshmen is the so-called "Party Culture". Many American students associate entering college with freedom from their parents, as *many of them move away from home and into dormitories, where they live with their friends. They often engage _____(A)_____ excessive alcohol consumption there. Often times, however, this kind of reckless attitude toward alcohol consumption results _____(B)_____ serious problems including a high number of deaths from drunk driving and alcohol poisoning every year. To prevent these problems, many colleges nowadays are including lessons on responsible alcohol consumption in their freshman orientation.

**1** 윗글의 제목으로 알맞은 것은?

① Reasons to Get Rid of College Party Culture

② Serious Problems Caused by Living Off Campus

③ One Negative Aspect of College Party Culture

④ Ways to Reduce Deaths Caused by Drunk Driving

⑤ The Importance of College Freshman Orientation

서술형

**2** 윗글의 빈칸 (A)와 (B)에 공통으로 들어갈 알맞은 전치사를 쓰시오.

_____

**Grammar Points!** 관계대명사의 계속적 용법

관계대명사의 계속적 용법은 관계대명사 앞에 comma(,)를 붙이고 순서대로 해석한다. 관계부사의 계속적 용법은 where와 when 만 쓰이며 이들은 각각 and there와 and then으로 바꿔 쓸 수 있다.

Many of them move away from home and into dormitories, **where** they live with their friends.
→ and they live with their friends there

그들 중 많은 학생들이 집에서 나와서 기숙사에 들어간다. 그리고 거기서 그들은 친구들과 함께 산다.

aspect 면: 양상　so-called 소위　associate A with B A와 B를 연결시키다　freedom 자유(free 자유로운 + -dom 상태)　move away from ~에서 멀리 가다　dormitory 기숙사(= dorm)　engage in ~에 참여하다　excessive 과도한(excess 지나침, 과도)　consumption 섭취(consume 섭취하다)　reckless 무모한　result in ~의 결과를 낳다　poisoning 중독　prevent 예방하다, 막다

*Rugby is a tough sport that people play in England. Children also play rugby in school. Doctors worry because rugby has tackling, which can hurt children. Professor Allyson Pollock from Newcastle University is asking the UK's chief medical officers <u>to protect children from injuries by remove tackling from school rugby</u>. Professor Pollock's report suggests that banning tackling would reduce head and neck injuries. Her report also indicates a potential link between head injuries and an increased risk of dementia and Alzheimer's disease later in life. She says that it is the government's duty to protect and to ensure the safety of children.

**1** 윗글의 제목으로 알맞은 것은?

　① 럭비의 태클 동작에 대한 분분한 의견

　② 학교에서 하는 럭비의 규칙 개정

　③ 럭비의 폭력성이 아이들에게 주는 영향

　④ 럭비의 태클 동작을 없애자는 부모들의 주장

　⑤ 럭비의 태클 동작이 일으키는 부상의 심각성

서술형

**2** 윗글의 밑줄 친 부분에서 어법상 <u>어색한</u> 곳을 찾아 바르게 고쳐 쓰시오.

_____

---

**Grammar Points!** 　**관계대명사 목적격**

관계대명사는 접속사와 대명사의 역할을 하며 앞에 있는 선행사와 동격이다. 관계대명사가 목적격으로 쓰인 경우는 관계대명사가 이끄는 절 안에 목적어가 생략되어 있다.

Rugby is *a tough sport*. + People play **it** in England.

(= Rugby is *a tough sport* **that** people play in England.)

럭비는 영국에서 사람들이 하는 거친 스포츠다.

---

**rugby** 럭비　**tough** 거친　**tackling** 태클 동작　**hurt** 해치다　**ask A to** A에게 ~하라고 요구하다　**protect** 보호하다　**injury** 부상　**remove** 제거하다
**report** 보고서　**suggest** 말하다; 보여주다　**banning** 금지　**reduce** 감소시키다　**indicate** 나타내다　**potential** 잠재적인　**link** 관련(성)　**dementia**
치매　**government** 정부　**duty** 의무　**ensure** 보장하다　**safety** 안전

Since the invention of the first telescope in 1608, there _____ (be) a steady movement to build more powerful telescopes. Astronomers needed them to perform more sophisticated experiments. One obstacle to using a telescope on Earth is that the atmosphere interferes with the light coming from space. To solve this problem, American scientist Lyman Spitzer proposed building a telescope in space. He made this proposal in 1946, far before the technology was possible. *So it wasn't until 1990 that the first space telescope, the Hubble Space Telescope, was launched.

**1** 윗글의 주제로 알맞은 것은?

① 망원경의 역사
② 지구에서 망원경 사용의 단점
③ 대기권에서 들어오는 빛을 사용한 망원경
④ 최초의 우주망원경의 발명 동기
⑤ 허블 망원경의 놀라운 기술

서술형

**2** 윗글의 빈칸에 들어갈 be동사의 시제를 알맞게 쓰시오.

_____

---

**Grammar Points!**  **It is not until ~ that S + V …: ~이후에야 비로소 S가 V하다**

it ~ that 강조구문으로 어떤 시점까지는(until) 주어의 동작이 일어나지 않았다는 의미를 강조한 문장이다.
**So it wasn't until 1990 that** the first space telescope, the Hubble Space Telescope, was launched.
그래서 1990년 이후에야 비로소 최초의 우주망원경인 허블우주망원경이 발사되었다.

---

invention 발명(invent 발명하다)  telescope 망원경(tele- 먼, 장거리의, scope 보는(관찰하는) 기구(기계)  steady 꾸준한  powerful 강력한
astronomer 천문학자(astro- 별의, -er 사람)  perform 행하다  sophisticated 정교한, 복잡한  experiment 실험  obstacle 장애물  atmosphere
대기권(atm- 공기, sphere 영역, 층)  interfere with ~을 방해하다  propose 제안하다(cf. proposal 제안)  launch 발사하다

Would you believe it if snow were orange instead of white? *This happened because of the Sahara Desert. Dust from a sandstorm in the desert caused snow in Siberia to turn orange. This phenomenon was actually reported in Eastern Europe in March this year. People who saw the incredibly rare scene made jokes on social media that they were on the surface of Mars, not on Earth. Meteorologists say that orange snow is simply the mixture of desert sand and dust from storms and pure snow. They explain that orange snow is a normal occurrence and happens almost every five years.

**1** 윗글의 주제로 알맞은 것은?

① The Sahara Desert never has as much snow as Siberia.

② Meteorologists found orange snow on the surface of Mars.

③ Snow with orange hue is caused by a sandstorm.

④ Orange snow can never be seen on earth.

⑤ It's lucky to see rare scenes like orange snow.

서술형
**2** 윗글의 밑줄 친 문장을 people을 주어로 하는 능동태로 고쳐 쓰시오.

_____

**Grammar Points!**  **because vs. because of**

because는 접속사로 뒤에 '주어+동사'의 절이 오고, because of는 전치사로 뒤에 '명사(구)'가 온다.

This happened **because** dust comes from a sandstorm in the desert.
그것은 먼지가 사막의 모래폭풍에서 오기 때문에 일어났다.

This happened **because of** the Sahara Desert. 그것은 사하라 사막 때문에 일어났다.

desert 사막  dust 먼지  sandstorm 모래폭풍  cause 일으키다  turn 변하다  phenomenon 현상  actually 실제로  report 보도하다  incredibly 놀랍게  rare 드문  scene 광경  surface 표면  meteorologist 기상학자  mixture 혼합물  pure 순수한  explain 설명하다  normal 정상적인  occurrence 발생; 현상  hue 빛깔, 색

Gaining self-confidence can help you see the world in a more positive way. There are many things that you can do to help improve self-confidence. Making a list of strengths and achievements and reading the list often can act as a reminder for reasons to feel good about yourself. (A)다른 사람들을 위해 좋은 일을 하는 것 can bring satisfaction and can make the community a better place to live. *Staying healthy is important for maintaining self-confidence as well. Eating right and sleeping enough helps to make you feel better. Exercising regularly naturally makes you feel happier. Also, getting involved in activities like art and music can help you express feelings and interact with other people. There are many other activities to choose from. Doing things that need to be done like cleaning or repairing things can help you feel fulfilled, too.

**1** 윗글의 제목으로 알맞은 것은?

① People Who Lost Self-confidence
② What to Do to Feel Self-confident
③ How to Regain Physical Health
④ Ways to Stay Healthy and Happy
⑤ Steps to Achieve Your Life Goal

서술형
**2** 윗글의 밑줄 친 (A)의 의미에 알맞게 주어진 단어를 사용하여 문장을 완성하시오.
(others, nice, something, doing, for)

_____

**Grammar Points!**　동명사의 용법

동명사는 문장 속에서 주어, 목적어, 보어 역할을 한다.
**Staying** healthy is important for **maintaining** self-confidence as well.
　주어　　　　　　　　　　　전치사의 목적어
건강을 유지하는 것도 또한 자신감을 유지하는 데 중요하다.

self-confidence 자신감(cf. self-confident 자신감 있는)　positive 긍정적인　strength 장점　achievement 성취(cf. achieve 성취하다)　reminder 일깨워주는 것　satisfaction 만족(satisfy 만족시키다)　community 지역사회(commune 공동체, -ity 상태)　maintain 유지하다　as well ~도 또한 involved in ~에 참가한　express 표현하다　interact 교류하다(inter- 상호의, act 행동하다)　fulfilled 성취한

# Word Check ✖ ✖ ✖

**[1-3] 다음 문장에 알맞은 단어를 고르시오.**

1  A new satellite will be (performed / launched) soon.

2  This hat helps (protect / keep) the people from the hot sun.

3  He was advised to reduce sugar (consumer / consumption).

**[4-6] 다음 빈칸에 들어갈 말을 〈보기〉에서 고르시오. (필요하면 형태를 바꾸시오.)**

〈보기〉 reckless, excessive, positive, recent, maintain

4  A _____ attitude is important in life.

5  He is a wild and _____ young man.

6  We should _____ good relations with other nations.

**[7-9] 다음 짝지어진 단어의 관계와 같도록 빈칸에 알맞은 단어를 쓰시오.**

7  use : useful = power : _____

8  satisfy : satisfaction = propose : _____

9  remember : forget = common : _____

**[10-12] 다음 영영풀이가 뜻하는 단어를 쓰시오.**

10  a student in the first-year class of a high school or college : _____

11  the bodily state caused by a toxic substance : _____

12  a person or thing that causes you to remember : _____

13  **다음 문장의 밑줄 친 부분과 바꿔 쓸 수 있는 단어를 고르시오.**

Bad weather <u>prevented</u> us from leaving.

① improved      ② stopped      ③ exercised
④ received      ⑤ served

# Unit 03

## 글의 요지 파악 및 요약문 완성

### ※ 유형 소개

1. 글의 내용 전체를 본질적인 내용이 들어간 핵심 문장으로 압축하는 문제이다.
2. 부가적인 말과 예를 걸러내고 글의 중심내용에 집중하는 능력이 필요하다.
3. 글에서 말하고자 하는 요지와 그를 뒷받침하는 예시와 세부사항을 구분한다.

### ※ 유형 전략

글의 요지 및 글쓴이의 주장을 한 문장으로 요약하는 유형의 문제이므로 요약문의 빈칸에는 핵심어가 포함된다.

**Step 1** 빈칸이 있는 요약문을 읽고 무엇에 관한 글인지 예측해본다.

**Step 2** 글에서 명제나 주장을 잘 살피고 그에 부합되는 핵심어를 찾는다.

**Step 3** 지문에 근거하지 않은 일반 상식은 배제하고 글의 내용에 비해 광범위한 주제를 다룬 내용도 배제한다.

## Words & Phrases

behavior 행동
bounce off 튕겨나가다
camel 낙타
chase 뒤쫓다
conscious 의식하는
cost-effective 비용 효율이 좋은
create 만들다
debate 논의
determine 결정하다
fuel 연료
get along well 잘 지내다
impact 영향
involve 포함하다
leave 남기다

mature 성숙한
melt 녹이다
noticeable 뚜렷한(notice 알아채다 -able 할 수 있는)
overweight 과체중의(over- 과도한)
possession 소유물(possess 소유하다 -ion 명사)
predict 예측하다(pre- 미리, dict 말하다)
pressure 압력
protect 보호하다
residence 주거지(reside 살다 -ence 명사)
strike 치다, 충돌하다
take up 차지하다
track 추적하다
use up 다 쓰다
weird 이상한

# Example

**다음 글의 내용을 한 문장으로 요약할 때 빈칸 (A)와 (B)에 들어갈 말로 가장 적절한 것은?**

Simon Grant has a very special friend. His friend isn't a dog or a cat, but an 11-foot camel named Jeffrey. Jeffrey was originally a birthday present for Simon's son, and it is believed to be the only pet camel in England. Simon brings food every day, mostly carrots, but sometimes Jeffrey gets something special. For example, Jeffrey drinks beer. Simon got the idea from a camel expert. Now, Jeffrey drinks more beer than his owner. Jeffrey is a Bactrian camel, which is a breed of camel that can live until around the age of 60. This means that Simon could have many more years ahead to enjoy with his lovely pet camel.

> Simon thinks Jeffrey is very ____(A)____ in that it is the only pet camel in England and it can eat lots of ____(B)____.

| (A) | (B) | | (A) | (B) |
|---|---|---|---|---|
| ① special | ⋯⋯ carrots | | ② common | ⋯⋯ beer |
| ③ common | ⋯⋯ carrots | | ④ special | ⋯⋯ beer |
| ⑤ common | ⋯⋯ water | | | |

## ✂ 문제 해결하기

**Step 1** 요약문을 읽고 무엇에 관한 글인지 예측해보기
Simon은 Jeffrey가 영국에서 유일한 애완용 낙타이고 많은 ～을 먹을 수 있기 때문에 아주 ～라고 생각한다.

**Step 2** 글의 명제나 주장을 대변하는 핵심어 찾기
special friend, the only pet camel, gets something special

**Step 3** 지문에 근거하지 않은 일반 상식 배제
Jeffrey의 특성과 관계없는 내용은 제외한다.

---

special 특별한  camel 낙타  originally 원래  mostly 주로  carrot 당근  beer 맥주  expert 전문가  owner 주인  breed 품종  until ～까지
ahead 앞에  lovely 사랑스러운

*These days a lot of people are becoming more conscious about the impact they have on their environment. Small houses take up less space, making room for more humans to live and build residences. Small houses also use up fewer natural resources, like water and energy. This makes living in small houses more cost-effective. Living in a small house also involves fewer possessions, which makes (a) it easier to move to a new house. As you can see, there are both personal and environmental reasons for choosing a small house over a large one! It's a much simpler lifestyle.

1 윗글의 내용을 다음과 같이 한 문장으로 요약하고자 한다. 빈칸 (A)와 (B)에 들어갈 말로 가장 적절한 것은?

> Small houses will save you more _____(A)_____ on a personal level while they will save our _____(B)_____ on a social level.

|  | (A) | (B) |  | (A) | (B) |
|---|---|---|---|---|---|
| ① | space | ⋯⋯ lifestyle | ② | water | ⋯⋯ energy |
| ③ | money | ⋯⋯ lifestyle | ④ | money | ⋯⋯ environment |
| ⑤ | water | ⋯⋯ family |  |  |  |

서술형
2 윗글의 밑줄 친 (a) it이 가리키는 말을 본문에서 찾아 쓰시오.

_____

**Grammar Points!**    목적격 관계대명사의 생략

관계대명사가 뒤의 문장의 동사나 전치사의 목적어가 되는 경우 생략할 수 있다. have의 목적어로 선행사가 사물이므로 목적격 관계대명사 which 혹은 that이 생략되었다.
These days a lot of people are becoming more conscious about *the impact* (**which[that]**) they have on their environment.
요즘 많은 사람들은 그들이 환경에 미치는 영향에 대해 인식을 더 많이 하고 있다.

these days 요즘   conscious 의식하는   impact 영향   take up 차지하다   space 공간   room 공간   residence 주거지(reside 살다 -ence 명사)
natural resource 천연자원   cost-effective 비용 효율이 좋은   involve 포함하다   possession 소유물(possess 소유하다 -ion 명사)   as you can
see 보시다시피   lifestyle 생활방식

Even from a young age, there is a noticeable chemistry between men and women. Sometimes boys might chase girls around on a playground, or boys might tease girls whom they actually like. As an adult, these behaviors change into more mature actions, such as a man respectfully asking a woman out on a date, where they might get dinner or go to a movie. *A man and a woman might be said to have chemistry between each other if they get along well and have a lot of things in common.

**1** 윗글의 내용을 다음과 같이 한 문장으로 요약하고자 한다. 빈칸 (A)와 (B)에 들어갈 말로 가장 적절한 것은?

> We say there is ____(A)____ between a man and a woman when they are ____(B)____ to each other.

| (A) | (B) | | (A) | (B) |
|---|---|---|---|---|
| ① respect | …… similar | | ② respect | …… attracted |
| ③ chemistry | …… attracted | | ④ chemistry | …… similar |
| ⑤ love | …… married | | | |

서술형

**2** 윗글에서 남자아이들이 여자아이들에게 호감을 표현하는 두 가지 방법을 글에서 찾아 영어로 쓰시오.

_____

_____

**Grammar Points!** **S + be said to + V ~: S는 V라고 (사람들이) 말한다**

동사 say가 that절을 목적어로 가지는 문장의 수동태이다.
A man and a woman might **be said to** have chemistry between each other.
남자와 여자는 서로 간에 화학적 반응이 있다고 (사람들이) 말할 지도 모른다.

noticeable 뚜렷한(notice 알아채다 -able 할 수 있는)  chemistry 남녀 간의 화학적 반응(끌림)(chem- 화학)  chase 뒤쫓다  tease 놀리다  actually 실제로  behavior 행동  mature 성숙한  respectfully 정중하게(respect 존경)  ask A out on a date A에게 데이트를 신청하다  get along well 잘 지내다  have in common 공통점을 가지다

*There are some people who stay skinny no matter how much they eat, and others who are overweight even when they control their diets. These weird patterns could be caused by the human metabolism. Metabolism is what gives people energy throughout the day by using up the food they eat as fuel. There are things you can do to increase your metabolism, such as exercise more frequently, drink beverages containing caffeine, or eat spicy foods. People who have low metabolisms are slow and inactive and don't get much exercise.

**1** 윗글의 내용을 다음과 같이 한 문장으로 요약하고자 한다. 빈칸 (A)와 (B)에 들어갈 말로 가장 적절한 것은?

> If you want to stay thin and healthy, you should _____(A)_____ your metabolism by moving your body more _____(B)_____ .

| | (A) | (B) | | (A) | (B) |
|---|---|---|---|---|---|
| ① | control | ⋯⋯ slowly | ② | use | ⋯⋯ slowly |
| ③ | use | ⋯⋯ actively | ④ | increase | ⋯⋯ slowly |
| ⑤ | increase | ⋯⋯ actively | | | |

서술형
**2** 윗글을 읽고 다음 질문에 영어로 답하시오.

Why are some people heavy even though they eat little?

_____

---

**Grammar Points!**  no matter 의문사: 양보절의 의미

**no matter how much** they eat: 그들이 아무리 많이 먹어도 / **no matter what** you read: 네가 무엇을 읽더라도
There are some people who stay skinny **no matter how much** they eat, and others who are overweight even when they control their diets.
아무리 많이 먹어도 날씬함을 유지하는 사람들이 일부 있는가 하면 식이요법을 조절해도 과체중인 사람들이 있다.

---

skinny 날씬한   overweight 과체중의(over- 과도한)   diet 식이요법; 식단   weird 이상한   metabolism 신진대사   throughout the day 하루 종일
use up 다 쓰다   fuel 연료   exercise 운동(하다)   beverage 음료수   caffeine 카페인   spicy 매운(spice 양념 -y 형용사)   inactive 비활동적인

There is a lot of debate as to whether or not children should play team sports or individual sports. When playing a team sport, every teammate shares the responsibility for the game. When a team wins a game, no one person is usually praised for the win, rather, every team member shares the success. Individual sports, _____, focus more on self-improvement and personal growth. *It takes a lot of stamina to win a competition of individual sports all by oneself! An example of a team sport might be football, while an example of an individual sport might be martial arts.

**1** 윗글의 내용을 다음과 같이 한 문장으로 요약하고자 한다. 빈칸 (A)와 (B)에 들어갈 말로 가장 적절한 것은?

> The honor of the victory goes to all the _____(A)_____ in team sports while the credit is given to the single _____(B)_____ in individual sports.

| | (A) | (B) | | (A) | (B) |
|---|---|---|---|---|---|
| ① | children | leader | ② | members | player |
| ③ | children | coach | ④ | members | leader |
| ⑤ | players | coach | | | |

서술형
**2** 윗글의 빈칸에 들어갈 알맞은 연결사를 쓰시오.

_____

**Grammar Points!** It takes 시간/에너지 to부정사 ~ : ~하는 데 시간이/에너지가 걸리다/들다

가주어 It과 진주어 to부정사를 써서 나타낸 구문이다.
**It takes** a lot of stamina **to** win a competition. 경기에서 이기는 데 많은 체력이 든다.
**It takes** twenty minutes **to** get to school. 학교에 도착하는 데 20분이 걸린다.

debate 논의  individual 개인의  teammate 팀원(team 팀, mate 친구)  share 나누다  responsibility 책임(responsible 책임 있는 -ity 명사)
rather 오히려  focus on ~에 초점을 맞추다  self-improvement 자기 발전  stamina 체력  competition 경기; 경쟁(compete 경쟁하다 -ion 명사)
by oneself 혼자  martial arts 무술  honor 영광  victory 승리  credit 공로; 명예

Believe it or not, meteorites hit the moon quite regularly. Most of them are small, but some of them are large and leave giant craters on the moon. The Earth is (a) <u>well</u> protected from meteorites than the moon because the Earth is covered in a thick atmosphere. When a meteorite strikes the moon, *pressure is so great that the heat created actually melts some of the moon rock, and sends the rest flying into space as little shards of stone. In fact, many people believe that the moon was created by a large meteorite hitting the Earth and then bouncing off into orbit. It sounds scary, but don't worry too much. Today's scientists track the skies so well that they would be able to predict the arrival of a meteorite far in advance and determine if any precautions are necessary.

**1** 윗글의 내용을 다음과 같이 한 문장으로 요약하고자 한다. 빈칸 (A)와 (B)에 들어갈 말로 가장 적절한 것은?

When a meteorite strikes the moon, _____(A)_____ from the pressure melts rock leaving a large _____(B)_____ on the surface.

|  | (A) | (B) |  | (A) | (B) |
|---|---|---|---|---|---|
| ① | heat | ⋯⋯ shard | ② | atmosphere | ⋯⋯ crater |
| ③ | heat | ⋯⋯ crater | ④ | atmosphere | ⋯⋯ shard |
| ⑤ | rest | ⋯⋯ orbit |  |  |  |

서술형
**2** 윗글의 밑줄 친 (a) <u>well</u>을 어법에 맞게 고쳐 쓰시오.

_____

**Grammar Points!**　so ~(형용사/부사) that 주어 + 동사 …: 너무 ~(형용사/부사)해서 …하다

so(부사)와 that(접속사)은 함께 쓰여 원인과 결과를 나타낸다.
Pressure is **so great that** the heat created actually **melts** some of the moon rock.
압력이 너무 커서 생긴 열이 실제로 달의 암석 일부를 녹인다.

meteorite 운석　leave 남기다　giant 거대한　crater 분화구　protect 보호하다　atmosphere 대기(권)(atmo- 공기, sphere 계, 권)　strike 치다, 충돌하다　pressure 압력　create 만들다　melt 녹이다　shard 파편　bounce off 튕겨나가다　orbit 궤도　track 추적하다　predict 예측하다(pre- 미리, dict 말하다)　in advance 미리　determine 결정하다　precaution 예방책(pre- 미리, caution 조심)

# Word Check  ✕ ✕ ✕

**[1-3] 다음 문장에 알맞은 단어를 고르시오.**

1  Gasoline is the most common (fuel / stamina) for energy.

2  Caffeine will (increase / melt) our brain function.

3  He bought a (conscious / giant) telescope to see another galaxy.

**[4-6] 다음 빈칸에 들어갈 말을 〈보기〉에서 고르시오. (필요하면 형태를 바꾸시오.)**

> 〈보기〉 praise, noticeable, mature, predict, overweight

4  The difference between my goal and hers is ＿＿＿＿＿＿.

5  You need to control your diet not to be ＿＿＿＿＿＿.

6  Nobody can ＿＿＿＿＿＿ what will happen in the future.

**[7-9] 다음 짝지어진 단어의 관계와 같도록 빈칸에 알맞은 단어를 쓰시오.**

7  strike : hit = strange : ＿＿＿＿＿＿

8  giant : tiny = overweight : ＿＿＿＿＿＿

9  conscious : unconscious = active : ＿＿＿＿＿＿

**[10-12] 다음 영영풀이가 뜻하는 단어를 쓰시오.**

10  the process in the body of an organism by which energy is produced : ＿＿＿＿＿＿

11  a chemical substance found in coffee that makes you more active : ＿＿＿＿＿＿

12  to change a solid to a liquid usually by heat : ＿＿＿＿＿＿

13  **다음 문장의 밑줄 친 부분과 바꿔 쓸 수 있는 단어를 고르시오.**

> The room was booked in advance.

① determines        ② beforehand        ③ respects

④ contains          ⑤ competes

# Unit 04

## 글의 목적 및 종류

### ✕ 유형 소개

1. 주로 실용적인 내용의 글에서 글쓴이의 의도나 목적을 파악하는 문제이다.
2. 글의 흐름을 파악하는 능력과 글의 목적이 구체화되는 부분을 찾는 능력이 필요하다.
3. 다양한 실용문을 읽어서 전형적으로 쓰이는 어휘나 구문을 정리해둔다.

### ✕ 유형 전략

글쓴이의 목적은 주로 전반부나 후반부에 구체적으로 나타나게 되므로 글의 흐름을 끝까지 놓치지 말아야 한다.

**Step 1** 글의 전반부에 나오는 글에 대한 소개나 글을 읽는 대상 등을 파악한다.

**Step 2** 글의 핵심 내용을 파악할 수 있는 중심어를 찾아본다.

**Step 3** 글쓴이의 의도나 목적이 상세하게 나타나는 부분에 주의한다.

## Words & Phrases

approval 인정

attach 붙이다

brighten up one's day (누군가의) 하루를 밝혀주다

bumper-to-bumper 차가 빽빽하게 늘어선

chain reaction 연쇄반응

destructive 파괴적인(destroy 파괴하다)

display case 전시 케이스

driving force 원동력

emotion 감정(emo- 감정 -ion 명사)

envy 부러움

fall off 떨어지다

get in line 줄을 서다

go by 지나가다

historic 역사의, 역사적(history 역사 -ic 형용사)

keep in mind ~을 명심하다

opposite 반대의(oppose 반대하다)

properly 제대로, 적절히

public figure 공인

resident 주민(reside 살다)

run into ~와 마주치다

security guard 경비원

source 근원, 원천

to one's surprise (누가) 놀랍게도

yield 양보하다

# Example

**다음 글의 목적으로 가장 알맞은 것은?**

To Alpha Airline,

I'm writing this email because I lost my wallet on your flight two days ago. I clearly remember that I had it with me when I boarded flight 743 at LA International Airport. However, I might have dropped it somewhere on the way to the toilet. I usually pay by credit card, which I keep in my other purse. So I didn't realize that I lost it until I had to pay the taxi fare in cash. It is purple leather, and has my business cards and some cash inside it. If you find my wallet, please contact me at 010-357-0101. Thank you.

① 항공사의 택시서비스에 대해 제안하려고
② 항공사에 신용카드로 예약하려고
③ 항공사에 지갑을 찾아 달라고 부탁하려고
④ 항공편 화장실에 대해 불평하려고
⑤ 공항에서 지갑을 주웠다고 알려주려고

✕ **문제 해결하기**

**Step 1** **전반부에 나오는 글에 대한 소개나 글을 읽는 대상 파악**
이틀 전에 잃어버린 지갑에 대해 이메일을 쓴다고 밝히고 있다.

**Step 2** **글의 핵심 내용을 파악할 수 있는 중심어 찾기**
lost, wallet, drop, credit card, cash 등이 지갑을 잃어버린 상황을 설명한다.

**Step 3** **글쓴이의 의도나 목적이 상세하게 나타나는 부분에 주의**
마지막 부분에 지갑을 찾으면 연락을 바란다고 쓰여 있다. 그러므로 정답은 항공사에 자신의 지갑을 찾아 달라고 부탁하기이다.

wallet 지갑  flight 항공기, 항공편  clearly 분명히  board 탑승하다  on the way to ~로 가는 길에  purse 지갑; 핸드백  realize 깨닫다(real 실제의 -ize 되게 하다)  in cash 현찰로  leather 가죽  business card 명함  contact 연락하다

*Have you ever become jealous of a friend over his or her success? What about of a sibling, or even of a public figure? Jealousy or envy is an emotion that stems from feeling inadequate or unappreciated. Sometimes these emotions can be a driving force to better oneself, but other times it can be destructive and unhealthy. A good way to cope with these negative feelings is by measuring your success _____(a)_____ by others' approval, _____(b)_____ by how much you have improved compared with yourself in the past. Keep in mind that the world's most innovative thinkers have succeeded this way.

**1** 윗글의 목적으로 가장 알맞은 것은?

① 시기심에 대한 도덕적인 교훈을 주려고
② 시기심을 자기발전의 원동력으로 쓰는 것을 제안하려고
③ 부정적인 감정에 대처하는 방법을 권유하려고
④ 부정적인 감정으로 성공한 사례를 보여주려고
⑤ 시기심이 정신건강에 미치는 영향을 경고하려고

서술형
**2** 윗글의 빈칸 (a)와 (b)에 각각 들어갈 적절한 상관접속사를 쓰시오.

(a) _____   (b) _____

**Grammar Points!**　**현재완료의 경험**

현재완료는 과거에서 현재까지 막연한 시점에 일어난 일을 말할 때 쓰는 시제로 형태는 「have/has p.p.」이다. 그중에 '경험'의 의미로 쓰이는 경우는 ever, never, once, twice, before 등의 부사와 함께 쓰인다.
**Have** you **ever** **become** jealous of a friend over his or her success?
당신은 친구의 성공에 대해 시기해본 적 있는가?

jealous 시기하는(*cf.* jealousy 질투)   sibling 형제, 자매   public figure 공인   envy 부러움   emotion 감정(emo- 감정 -ion 명사)   stem from ～로부터 오다   inadequate 부족한   unappreciated 인정받지 못하는(appreciate 인정하다)   driving force 원동력   better 개선하다, 향상하다   destructive 파괴적인(destroy 파괴하다)   cope with ～에 대처하다   approval 인정   keep in mind ～을 명심하다   innovative 혁신적인

Tutankhamun was a famous boy king of Egypt. His mask was found and brought to a museum in 1924. Egyptian masks had beards on them. However, Tutankhamun's beard was not attached to its mask. People put the beard back on the mask using glue in 1941. As time went by, the glue became weak, and the beard fell off again in 2014. *It happened when museum workers touched the mask while (a) _____ _____ changing the lights in the display case. They glued the beard back on, but it was not perfect because people could see the glue around its chin. Some people put the images of the mask on the Internet, so the museum workers had to fix the mask properly. It took nine weeks to fix the mask, and now you can see it in the Egyptian Museum.

**1** 윗글의 목적으로 가장 알맞은 것은?

① Tutankhamun의 독특한 디자인을 알리려고
② Tutankhamun의 발굴에 얽힌 이야기를 하려고
③ Tutankhamun의 불운을 널리 전하려고
④ Tutankhamun의 마스크에 관련된 신화를 만들려고
⑤ Tutankhamun의 신화의 거짓을 밝혀내려고

서술형
**2** 윗글의 빈칸 (a)에 들어갈 알맞은 단어를 쓰시오.

_____ _____

---

**Grammar Points!**   주어+be동사의 생략

시간, 이유, 조건, 양보 등의 부사절에서는 『주어+be동사』를 생략할 수 있다. 단, 주어가 주절의 주어와 같아야 하고 be동사의 시제는 주절의 시제와 맞춰서 써야 한다.
**The boy fell off the chair while (he was) changing the light bulb.**
그 소년은 전구를 갈다가 의자에서 떨어졌다.

---

Egyptian 이집트의   beard 턱수염   attach 붙이다   glue 풀(로 붙이다)   go by 지나가다   weak 약한   fall off 떨어지다   change the lights 조명을 갈다   display case 전시 케이스   chin 턱   fix 고치다   properly 제대로, 적절히

Who is your hero? *Some people say their hero is a historic figure, while others say it is someone that they know, such as their parents or friends. For many little children, a hero is an image of a person with a super power or an ability to save the world. However, a true hero is not someone who can fly or shoot spider webs from their fingers, but rather someone who changes other people's lives for the better. Firefighters and teachers are such heroes. Let's take a minute today to thank the heroes around us.

**1** 윗글의 목적으로 가장 알맞은 것은?

① 역사적 영웅들의 비슷한 점을 말하려고

② 비범한 영웅이 되는 방법을 알려주려고

③ 초능력이 영웅의 기본 특성임을 확인하려고

④ 영웅이 되기 위해 노력하라고 격려하려고

⑤ 진정한 영웅에 대해 설명하려고

서술형

**2** 윗글을 읽고 다음 질문에 대한 답을 본문에서 찾아 쓰시오.

Who are the true heroes?

_____

**Grammar Points!**  some people ~ others ...: 어떤 사람들은 ~이고, 다른 사람들은 …이다

전체 집단에 대한 언급 없이 막연히 '어떤 사람들은 이렇고, 다른 사람들은 저렇다'라고 말할 때 쓴다.

**Some people** say their hero is a historic figure, while **others** say it is someone that they know, such as their parents or friends.

일부 사람들은 그들의 영웅이 역사적 인물이라고 말하는 반면 다른 사람들은 부모님이나 친구들 같은 그들이 아는 누군가라고 말한다.

hero 영웅  historic 역사의, 역사적(history 역사 -ic 형용사)  figure 인물  image 이미지  super power 초능력  ability 능력(able 능력 있는 -ity 명사)  save 구하다  shoot 쏘다  spider web 거미줄  rather 오히려  change A for the better A를 더 좋게 바꾸다

A customer named Thomas walked into a local coffee shop and ordered a small coffee. To his surprise the cashier replied, "Someone before you already paid for your coffee." The random stranger had paid for his coffee in advance, just to brighten up the next customer's day. *Greatly moved by this random act of kindness, Thomas decided to pay for someone else's coffee in advance as well. This caused a chain reaction of customer after customer paying for the next person in advance, and it went on for 3 hours and 228 customers. (a) Kindness can be really infectious.

**1** 윗글의 목적으로 가장 알맞은 것은?

① 깜짝 선물이 다른 사람을 얼마나 기쁘게 하는지 알려주려고

② 친절한 행동은 다른 사람에게 전파된다는 교훈을 주려고

③ 커피숍이 친절을 베풀기에 좋은 장소인 이유를 설명하려고

④ 사람들의 친절이 어디까지 갈 수 있는지 보여주려고

⑤ 이색적인 친절함을 보여준 주인공을 칭찬하려고

[서술형]

**2** 윗글의 밑줄 친 문장 (a)를 감탄문으로 바꿔 쓰시오.

_____

**Grammar Points!** 분사구문 만들기

접속사 생략 → 주어 생략(주절의 주어와 같은 경우) → 동사를 현재분사 -ing로 바꾸기 → being은 생략 가능

~~As he~~ was greatly moved by this random act of kindness, Thomas decided to pay for someone else's coffee in advance as well.

→ **(Being) Greatly moved by this random act of kindness**, Thomas decided to pay for someone else's coffee in advance as well.

이런 무작위의 친절한 행동에 크게 감동을 받아서 Thomas도 미리 누군가의 커피를 계산하기로 결심했다.

customer 고객, 손님   to one's surprise (누가) 놀랍게도   cashier 계산대 직원(cash 현금 -er 사람)   reply 대답하다   already 이미, 벌써   random 무작위의   in advance 미리   brighten up one's day (누군가의) 하루를 밝혀주다   moved 감동한   as well ~도 또한   chain reaction 연쇄반응 infectious 전염성 있는(infect 감염시키다 -ous 형용사)

In the case of an apartment complex that was built before too many cars were around, parking has become a serious problem. Spaces between apartment buildings tightly filled with cars bumper-to-bumper leave almost no room for people to navigate. This can lead to a bad day for everyone. Here is an example. One day a resident of such an apartment complex ran into a bottleneck in the middle of a parking lot. A line of cars (a) 기다리고 있었다(wait) to get out in the opposite direction, and *there was no place for them to yield, as more and more cars started getting in line. It took more than 30 minutes and a security guard to solve the traffic jam. The resident said, "This is a source of everyday stress for the residents, including me. I might just start taking the bus."

**1** 윗글의 목적으로 가장 알맞은 것은?

① 아파트 주차장을 운전할 때 주의 사항을 알려주려고
② 아파트 주차장에서의 양보 운전의 중요성을 설명하려고
③ 아파트 주차장에서 일어날 수 있는 사고의 심각성을 알려주려고
④ 오래된 아파트의 주차장에 경비원을 두는 것을 설득하려고
⑤ 오래된 아파트의 주차 공간이 일으키는 스트레스를 설명하려고

서술형
**2** 윗글에서 (a)의 시제를 주어진 의미에 맞게 고쳐 쓰시오.

_____

**Grammar Points!**  to부정사와 동명사를 둘 다 목적어로 쓸 수 있는 동사

start, begin, love, like, hate, continue + -ing/to부정사
There was no place for them to yield, as more and more cars <u>started</u> **getting** in line.
= There was no place for them to yield, as more and more cars <u>started</u> **to get** in line.
점점 더 많은 차들이 줄을 서기 시작하면서 그들은 양보할 곳이 없었다.

---

**serious** 심각한  **tightly** 빽빽하게  **bumper-to-bumper** 차가 빽빽하게 늘어선  **navigate** 운전하다: 항해하다(navigation 항해)  **resident** 주민(reside 살다)  **apartment complex** 아파트 단지  **run into** ~와 마주치다  **bottleneck** 병목 지역  **opposite** 반대의(oppose 반대하다)  **direction** 방향  **yield** 양보하다  **get in line** 줄을 서다  **security guard** 경비원  **source** 근원, 원천

# Word Check ✕ ✕ ✕

**[1-3] 다음 문장에 알맞은 단어를 고르시오.**

1 Helen is (jealous / inadequate) of her older sister.

2 He didn't (reject / reply) to her greeting.

3 It is important to (yield / improve) your skill in the field.

**[4-6] 다음 빈칸에 들어갈 말을 〈보기〉에서 고르시오. (필요하면 형태를 바꾸시오.)**

〈보기〉 historic, innovative, random, approval

4 She desperately wanted to win her teacher's _____ .

5 We memorize important _____ events in class.

6 The rooms are assigned at _____ .

**[7-9] 다음 짝지어진 단어의 관계와 같도록 빈칸에 알맞은 단어를 쓰시오.**

7 approve : approval = navigate : _____

8 better : improve = envious : _____

9 doctor : patient = cashier : _____

**[10-12] 다음 영영풀이가 뜻하는 단어를 쓰시오.**

10 tending to spread from one person to another : _____

11 to make a request for something to be delivered : _____

12 facing the other way : _____

13 **다음 문장의 밑줄 친 부분과 바꿔 쓸 수 있는 단어를 고르시오.**

It is almost impossible to <u>handle</u> all these problems.

① stem from          ② cope with          ③ run into

④ keep in mind       ⑤ get in line

# Unit 05

## 지칭 추론 및 빈칸 추론 (1)

### ✖ 유형 소개

1. 글 전체의 내용을 파악하면서 빈칸이나 지시어가 나온 부분의 세부사항을 추론하는 문제이다.
2. 문맥을 파악하여 빈칸에 들어갈 말이나 지시어가 가리키는 대상을 찾는다.
3. 빈칸이 들어간 문장은 앞뒤 문장과 밀접한 관계를 가지고 있다.

### ✖ 유형 전략

빈칸에 들어가는 내용은 글의 주제와 관계가 있으며 앞뒤 문장에서 단서를 얻어야 한다.

**Step 1** 글의 주제와 요지를 파악하고 빈칸을 추론한다.

**Step 2** 빈칸 앞뒤에 있는 문장에서 빈칸에 들어갈 단서를 얻는다.

**Step 3** 글의 주제와 얻은 단서로 빈칸을 추론한다.

**Step 4** 선택지를 빈칸에 넣어 흐름이 자연스러운지 확인한다.

## Words & Phrases

**absorbed in** ~에 몰입한
**account** 설명, 이야기
**acknowledge** 인정하다; 안다는 표시를 보이다
**aside from** ~은 별문제로 하고
**athlete** 운동선수
**call for** 요구하다
**committee** 위원회
**competition** 경기; 경쟁
**consistent** 꾸준한
**cover up** 은폐하다
**dependent upon** ~에 의존하는
**disability** 장애(dis- 반대 ability 능력)

**government** 정부
**injustice** 부당함(in- 반대 just 정당한 -ice 명사)
**intellectual** 지적인(intellect 지능 -ual 형용사)
**keep on ~ing** 계속해서 ~하다
**lie** 놓여 있다
**nonsense** 터무니없는 말
**perspective** 관점
**revise** 수정하다
**run out of** ~을 다 쓰다, 소진하다
**state** 말하다
**surroundings** 주변
**violent** 폭력적인

## Example

**다음 글의 빈칸에 들어갈 말로 가장 알맞은 것은?**

A healthy diet is an essential component to your overall well-being, but the "healthy" part of the diet can be _____. This is because a medicine for one person can be a poison for another, as the old saying goes. For example, if you are sensitive to lactose, you should not consume any dairy products, such as milk or yogurt. If you're allergic to wheat, you should not eat anything made with wheat flour such as bread or crackers. If you have a hard time digesting meat, then you should avoid it and look for other sources of protein.

① a hard decision
② a tricky issue
③ a doctor's choice
④ nobody's mystery
⑤ a common sense

## ✕ 문제 해결하기

| Step 1 | 글 전체에 흐르는 주제 파악 |
|---|---|
| | 건강한 식단은 사람마다 다르기 때문에 일괄적으로 적용하기 힘든 문제이다. |

| Step 2 | 빈칸 앞뒤에 있는 문장에서 단서 얻기 |
|---|---|
| | 누군가에게는 약이 누군가에게는 독이 된다고 설명하고 있다. |

| Step 3 | 빈칸 추론 |
|---|---|
| | 각기 다른 사람들에게 약이 다른 효과를 나타내므로 까다로운 문제라는 의미이다. |

| Step 4 | 선택지를 넣어 흐름이 자연스러운지 확인 |
|---|---|
| | 까다로운 문제라는 선택지의 의미가 글 전체에 자연스럽다. |

essential 필수적인(essence 본질 -ial 형용사)  component 구성요소  overall 전반적인  well-being 건강, 복지, 행복  poison 독  saying 속담, 격언
sensitive 민감한(sense 감각 -ive 형용사)  lactose 젖당  dairy product 유제품  allergic to ~에 알러지가 있는  wheat 밀  digest 소화시키다
protein 단백질  tricky 까다로운

Our generation is incredibly dependent upon our smartphones. We walk with them, sleep with them, eat with them, and study with them. We are almost inseparable from them. *So we often see young people chatting on their cellphone loudly, not acknowledging their surroundings. This is because they are so absorbed in their phone that they _____ how their actions affect other people. This can cause problems in places such as a library or a work place, or on public transportation such as a bus or a subway. All of these places require people to be respectful of others and to stay quiet or at a low volume (a) <u>when talking</u>.

**1** 윗글의 빈칸에 들어갈 말로 가장 알맞은 것은?

① are more aware of

② keep in mind

③ lose perspective of

④ don't have to ignore

⑤ know very well

서술형
**2** 윗글의 밑줄 친 (a)에서 생략된 두 단어를 쓰시오.

_____

**Grammar Points!** 지각동사의 5형식

지각동사(see, watch, hear, feel ...)는 5형식으로 쓰이며 목적격 보어 자리에 to부정사가 아닌 원형부정사나 현재분사(-ing)를 써야 한다.
So, we often <u>see</u> young people **chatting** on their cellphone loudly.
그래서 우리는 젊은이들이 휴대전화로 큰 소리로 수다를 떠는 것을 종종 본다.

dependent upon ~에 의존하는  inseparable 분리할 수 없는(in- 반대 separate 분리하다 -able 할 수 있는)  chat 떠들다  acknowledge 인정하다;
안다는 표시를 보이다  surroundings 주변  absorbed in ~에 몰입한  public transportation 대중교통(trans- 이동 port 항구 -ion 명사)  respectful
존중하는(respect 존중 -ful 형용사)  perspective 관점

The Paralympic Games is a multi-sport international competition for athletes with physical or intellectual disabilities. *There is a committee governing the Paralympic Games, which is called the International Paralympic Committee (IPC). The Paralympics takes place after the Olympic Games, so there are both Summer and Winter Games. In each sport of the Paralympics, there are categories _____(a)_____ which athletes are classified, such as cerebral palsy, amputee, and visually impaired. Therefore, athletes _____ compete in the same category. These categories can be divided _____(b)_____ subcategories depending on the sport.

**1** 윗글의 빈칸에 들어갈 말로 가장 알맞은 것은?

① with the same disability

② of a similar age

③ of the same gender

④ from the same continent

⑤ with the same conviction

서술형

**2** 윗글의 빈칸 (a)와 (b)에 들어갈 알맞은 전치사를 쓰시오.

_____

---

**Grammar Points!**　**분사의 명사 수식**

현재분사(-ing)나 과거분사(-ed)는 명사의 앞이나 뒤에서 명사를 수식한다.

There is *a committee* **governing the Paralympic Games**, which is called the International

Paralympic Committee (IPC).

파랄림픽을 주관하는 위원회가 있는데, 이는 국제 장애인올림픽 위원회(IPC)라고 부른다.

---

**international** 국제적인(inter- ~사이에 nation 나라 -al 형용사)　**competition** 경기; 경쟁(compete 경쟁하다)　**athlete** 운동선수　**intellectual** 지적인 (intellect 지능 -ual 형용사)　**disability** 장애(dis- 반대 ability 능력)　**committee** 위원회　**category** 범주(*cf.* subcategory 하위 범주)　**classify** 분류하다(class 계층 -ify 되다)　**cerebral palsy** 뇌성마비　**amputee** 절단 환자　**impaired** 손상된; 장애가 있는

There have been consistent efforts by the Japanese government to distort history. *They have tried to educate the next generation of students with a distorted account of what happened in 20<sup>th</sup> century Japan. These efforts are shown in ① their history textbooks, which try to cover up the violent past and glorify the war crimes of World War II. For example, ② they state that there was no such thing as comfort women. (a) This is complete nonsense as there are survivors of such injustices who are calling for a sincere apology from ③ them. The Korean government should not tolerate the attitude of the Japanese government, and demand that ④ they revise ⑤ their textbooks immediately.

**1** 윗글의 밑줄 친 they[their, them]가 가리키는 대상이 나머지 넷과 다른 것은?

서술형
**2** 윗글의 밑줄 친 문장 (a)에서 생략할 수 있는 부분을 찾아 쓰시오.

_____

---

**Grammar Points!** **명사절의 역할**

명사절은 문장 속에서 주어, 목적어, 보어의 역할을 한다.
명사절을 이끄는 접속사: that, if/whether, 의문사(what, who, when, where, why, how …)
They have tried to educate the next generation of students with a distorted account *of* what happened in the 20<sup>th</sup> century Japan.
그들은 20세기 일본에서 일어난 일에 대한 왜곡된 내용으로 차세대 학생들을 교육시키고자 노력했다.
(이 문장에서 명사절은 of의 목적어로 쓰임)

consistent 꾸준한  government 정부(govern 다스리다 -ment 명사)  distort 왜곡하다(distorted 왜곡된)  account 설명, 이야기  cover up 은폐하다
violent 폭력적인  glorify 미화하다  war crime 전쟁 범죄  state 말하다  comfort woman 위안부  nonsense 터무니없는 말  injustice 부당함
(in- 반대 just 정당한 -ice 명사)  call for 요구하다  tolerate 용인하다  revise 수정하다

A coral reef may just appear to be colorful rocks lying on the ocean floor, but they are actually alive. In fact, a coral reef is a home to hundreds or thousands of tiny organisms. The coral reef is made of calcium carbonate, which is the same substance that pearls and eggshells are made out of. Coral reefs _____ that can be affected by changes in water temperature and increases in water pollution. *Even though coral reefs are beautiful to look at and seem like sturdy structures, they need to be protected.

**1** 윗글의 빈칸에 들어갈 말로 가장 알맞은 것은?

① are very productive factories
② are very fragile ecosystems
③ are very powerful structures
④ are very strong rocks
⑤ are very aggressive plants

서술형

**2** 다음 문장의 밑줄 친 부분을 묻는 의문문을 쓰시오.

The coral reef is made of <u>calcium carbonate</u>.

_____

**Grammar Points!**　　**to부정사의 부사적 용법**

to부정사는 앞에 나온 형용사를 수식하기도 한다.
Even though coral reefs are *beautiful* **to look at** and seem like sturdy structures, they need to be protected.
산호초가 보기엔 아름답고 튼튼한 구조물처럼 보이지만 그것들은 보호되어야 한다.

coral reef 산호초　colorful 화려한(color 색깔 -ful 가득한)　lie 놓여 있다　ocean floor 해저　tiny 작은　organism 유기체, 생명체(organ- 유기적인 -ism 명사)　calcium carbonate 탄산칼슘　substance 물질　pearl 진주　eggshell 계란 껍질　be made out of ~으로 만들어지다　ecosystem 생태계　temperature 온도　pollution 오염(pollute 오염시키다 -ion 명사)　sturdy 튼튼한　fragile 깨지기 쉬운; 취약한　aggressive 공격적인

The Sun is the center of our solar system and provides all the energy that the Earth needs to keep on thriving. ① <u>It</u> is a large ball of hot flaming gas that has been burning for billions of years. *A lot of people wonder why the Sun does not run out of fuel. The Sun uses a method called nuclear fusion to create more fuel (a) _____ while ② <u>it</u> is burning off the fuel ③ <u>it</u> already has. Scientists expect that the Sun will last for billions of years to come with this technique. Did you know that the Sun is 93 million miles away from Earth? At that distance, it takes sunlight 8 minutes and 20 seconds to hit ④ <u>its</u> surface, even traveling at the speed of light! Aside from the distance, it may be impossible to visit the Sun because ⑤ <u>its</u> surface is 5,505 degrees Celsius!

**1** 윗글의 밑줄 친 It[it, its]이 가리키는 대상이 나머지 넷과 <u>다른</u> 것은?

> 서술형

**2** 윗글의 빈칸 (a)에 재귀대명사를 사용하여 '자기 스스로'라고 하는 의미의 알맞은 표현을 쓰시오.

_____

**Grammar Points!**   간접의문문의 어순: 의문사 + 주어 + 동사

원래 의문문(직접의문문)의 어순은 『의문사 + 동사 + 주어』이지만 다른 절의 종속절이 되면서 간접의문문으로 쓰이면 어순이 변하여 『의문사 + 주어 + 동사』의 순서가 된다.

A lot of people wonder. Why does not the Sun run out of fuel?
→ A lot of people wonder **why the Sun does not run** out of fuel.
많은 사람들은 태양이 왜 연료를 소진하지 않는지 궁금해한다.

solar system 태양계  keep on ~ing 계속해서 ~하다  thrive 번창하다; 잘 자라다  flaming 불같은(flame 불꽃 -ing 하고 있는)  billion 십억  wonder 의아해 하다  run out of ~을 다 쓰다, 소진하다  nuclear fusion 핵융합  burn off ~을 태우다  technique 기술  surface 표면(sur- 위 face 얼굴)  even 심지어  travel 이동하다  aside from ~은 별문제로 하고  Celsius 섭씨

# Word Check  ✕ ✕ ✕

**[1-3] 다음 문장에 알맞은 단어를 고르시오.**

1  We need a (consistent / fragile) effort to protect our environment.

2  They want a (sturdy / sincere) apology from the government.

3  The victim was (physical / alive) when they found him.

**[4-6] 다음 빈칸에 들어갈 말을 〈보기〉에서 고르시오. (필요하면 형태를 바꾸시오.)**

| 〈보기〉 digest, demand, fragile, revise, increase |
| --- |

4  They need to _____ some mistakes in their papers.

5  He has trouble _____ certain foods.

6  This box contains something _____, so be careful.

**[7-9] 다음 짝지어진 단어의 관계와 같도록 빈칸에 알맞은 단어를 쓰시오.**

7  educate : education = govern : _____

8  tiny : big = dead : _____

9  color : colorful = respect : _____

**[10-12] 다음 영영풀이가 뜻하는 단어를 쓰시오.**

10  all the plants and animals that live in a particular area : _____

11  something considered to be untrue or silly : _____

12  something you say or write that you are sorry : _____

13  **다음 문장의 밑줄 친 부분과 바꿔 쓸 수 있는 단어를 고르시오.**

| We have run out of all the energy. |
| --- |

① hopped fast        ② sold for        ③ run into

④ asked for        ⑤ used up

# Unit 06

## 지칭 추론 및 빈칸 추론 (2)

※ 유형 소개

1. 글 전체의 내용을 파악하면서 질문에 제시된 단어나 어구가 가리키는 말을 추론하는 문제이다.
2. 문맥을 파악하여 특정 단어나 대명사가 문맥을 통해 가리키는 대상을 찾는다.
3. 밑줄 친 부분이 그 앞에서 무엇을 지칭하는 것인지 정확히 확인한다.

## ※ 유형 전략

글 전체의 내용을 파악하면서 질문에 제시된 단어나 어구가 가리키는 대상을 찾아야 한다.

**Step 1** 글의 중심내용을 파악하고 제시된 표현을 추론한다.

**Step 2** 글에서 가장 자주 등장하며 흐름을 가장 잘 나타내는 표현이 주로 답이 된다.

**Step 3** 글의 선택지를 확인하며 제시된 표현이 설명하는 구체적인 문구를 찾는다.

**Step 4** 선택한 정답이 질문의 내용을 나타내는 어구인지 확인한다.

## Words & Phrases

act as ~로 작용하다
amazing 놀라운(amaze 놀라게 하다 -ing 분사)
aspect 면
beneath ~ 아래
certainly 분명히
clean up 치우다
commonly 흔히
consume 먹다; 소비하다
creature 생물
end up ~ing ~하는 것으로 끝나다
estimate 추정하다
ink brush 붓
intense 강렬한
needle 바늘

period 기간
poisonous 독성의(poison 독 -ous 형용사)
promising 유망한
recognize 인식하다
related to ~와 관련된
restore 회복하다; 복구하다
scholar 학자
solar system 태양계
specific 특별한; 구체적인
suggest 암시하다; 말하다
theory 이론, 학설
waste 폐기물
would like 원하다(=want)

# Example

밑줄 친 this revolutionary system과 의미하는 바가 같은 것은?

정답 및 해설 p.09

① The hybrid car is an innovative form of transportation. Rather than being powered solely by gasoline or by ② diesel, it has the benefit of being powered by ③ electricity as well. The hybrid car can be charged by plugging a cable into an outlet, much like ④ a cell phone. Its battery can also be charged by the engine while you are driving the car. Above all else, this revolutionary system is better for the environment because it does not release as much carbon dioxide into the air as ⑤ the conventional car.

## ✕ 문제 해결하기

**Step 1** 글의 중심 내용 파악
하이브리드 차량의 장점을 설명한 글이다.

**Step 2** 글의 내용을 잘 표현하는 어구 찾기
하이브리드 차량이 글의 주제어이다.

**Step 3** 선택지를 확인하며 제시된 표현이 설명하는 구체적 문구 찾기
혁신적인 시스템은 하이브리드 차량의 다른 표현이다.

**Step 4** 선택된 정답이 질문의 내용을 나타내는지 확인하기
혁신적인 시스템이라는 것은 하이브리드 차량을 나타낸다.

---

hybrid car 하이브리드 차   innovative 혁신적인   solely 오로지, 단지   diesel 디젤, 경유   benefit 장점, 이익   electricity 전기   charge 충전하다   plug 꽂다, 끼우다   outlet 콘센트   above all else 무엇보다도   revolutionary 혁명적인   release 배출하다   carbon dioxide 이산화탄소   conventional 종래의, 전통적인

Scorpions are actually an arachnid, which means they are closely related to ① <u>spiders</u>! ② <u>Scorpions</u> are eight-legged creatures most commonly recognized by ③ <u>two large front pincher claws</u> and a curled, pointy tail. They have ④ <u>a hard shell</u> around their body rather than bones inside. Many scorpions have ⑤ <u>a poisonous needle</u> on their tail that acts as <u>a self-defense mechanism</u>. *Not all scorpions are dangerous, however. These days, it is not uncommon to see scorpions in food such as candy, and chocolate. Some scorpions are even found in some beverages, too. Isn't it amazing?

**1** 윗글의 밑줄 친 a self-defense mechanism과 의미하는 바가 같은 것은?

서술형
**2** 윗글을 읽고 다음 질문에 영어로 답을 쓰시오.

How are scorpions commonly recognized?

_____

_____

**Grammar Points!** 부분부정(모두/둘 다/전부/항상 ~인 것은 아니다)

all, both, every, always 등과 부정어(not)를 함께 쓰면 전체부정이 아닌 부분부정의 의미가 된다.
**Not all** scorpions are dangerous, however. 그러나 모든 전갈이 위험한 것은 아니다.

scorpion 전갈  arachnid 거미류  related to ~와 관련된  creature 생물  commonly 흔히  recognize 인식하다  pincher 집게(pinch 꼬집다 -er 물건, 사람)  claw 발톱  curled 굽은  pointy 뾰족한(point 바늘 끝 -y 형용사)  shell 껍질  poisonous 독성의(poison 독 -ous 형용사)  needle 바늘  act as ~로 작용하다  uncommon 드문  beverage 음료수  amazing 놀라운(amaze 놀라게 하다 -ing 분사)

It's late at night, and you are craving some chocolate. Maybe you would also like a milkshake because of that sugar craving. (a) <u>Why do we have these cravings?</u> It certainly does not have to be from hunger, as you can still get intense desires for food even when you are not hungry. Some studies suggest that foods with high glucose content are addictive, as they _____.
*So your body ends up wanting to consume the foods that give a pleasant feeling. However, remember that these addictive foods are usually unhealthy for your body.

**1** 윗글의 빈칸에 들어갈 말로 가장 알맞은 것은?

① make you feel hungry
② cause you to get drowsy
③ trigger happy feelings
④ make you eat less
⑤ cause you to feel nervous

서술형

**2** 윗글의 질문 (a)에 대한 답을 본문에서 찾아 빈칸에 각각 a와 h로 시작하는 단어를 쓰시오.

Our body is a_____ to foods that make us feel h_____.

---

**Grammar Points!** to부정사의 명사적 용법

to부정사는 문장에서 주어, 목적어, 보어 역할을 하여 명사적 용법으로 쓰일 수 있다.
주어: 문장 맨 앞에 위치     **To eat** too much is bad for your health.
목적어: 타동사 뒤에 위치     I want **to join** the music club.
보어: be동사 뒤에 위치     My dream is **to become** a lawyer.
So, your body ends up wanting **to consume** the foods that give a pleasant feeling.
그래서 당신의 몸은 기분 좋은 감정을 주는 음식을 먹고 싶은 상태가 되는 것이다. (wanting의 목적어로 쓰인 명사적 용법)

crave 갈망하다, 열망하다(cf. craving 갈망, 열망)   would like 원하다(= want)   certainly 분명히   intense 강렬한   desire 욕구   suggest 암시하다; 말하다   glucose 포도당   content 함유량   addictive 중독의(addict 중독자 -ive 형용사)   end up ~ing ~하는 것으로 끝나다   consume 먹다; 소비하다   unhealthy 건강에 좋지 않은   trigger 야기시키다

Europa is one of Jupiter's moons. It is estimated to be about 4.5 billion years old. It takes Europa three and a half Earth-days to orbit Jupiter. Its size is smaller than Earth's moon but larger than Pluto. *Europa's surface temperature at the equator never rises above -160 degrees Celsius. (A) It always is below -220 degrees Celsius at the poles. Its icy surface reflects more sunlight than any other moon in the solar system, making Europa one of the most intriguing moons. Scientists think there is an ocean beneath the surface. They think that _____ since it is believed to have water.

**1** 윗글의 빈칸에 들어갈 말로 가장 알맞은 것은?

① Europa has a special orbit

② Europa is different from Earth

③ Europa's gravity is huge

④ Europa is the brightest moon

⑤ Europa could support life

서술형

**2** 윗글의 밑줄 친 문장 (A)에서 <u>틀린</u> 부분을 찾아 바르게 고쳐 쓰시오.

_____

---

**Grammar Points!** 빈도부사

빈도를 나타내는 부사(always, often, usually, sometimes, rarely, hardly, seldom, never 등)의 문장에서의 위치는 조동사 뒤, be동사 뒤, 그리고 일반동사 앞이다.

Europa's surface temperature at the equator **never** rises above -160 degrees Celsius.

유로파의 적도 표면 온도는 절대 섭씨 영하 160도 위로 올라가지 않는다.

---

Jupiter 목성   moon 달; 위성   estimate 추정하다   billion 십억   take (시간이) 걸리다   orbit (궤도를) 돌다   Pluto 명왕성   surface 표면   temperature 온도   equator 적도   rise 올라가다   above ~ 위로   degree 도   Celsius 섭씨   below ~ 아래   pole 극   icy 얼음으로 된   reflect 반사하다   solar system 태양계   intriguing 매력적인   ocean 바다, 대양   beneath ~ 아래   gravity 중력   support 지원하다; 살게 하다   life 생명체

Calligraphy is an art of writing. It is concerned with the visual and design aspect of letters and their composition. *Because of the artistic side of it, calligraphy is used in areas such as wedding invitations, computer fonts, and logo design. In Korean history, calligraphy was considered important among scholars. One of the virtues of a good scholar was to (a) <u>can</u> write beautiful and uniform looking letters. When practicing calligraphy, these scholars _____ called the Four Treasures of the Study, which are ink brushes, ink, paper, and ink stone.

**1** 윗글의 빈칸에 들어갈 말로 가장 알맞은 것은?

① needed some special skills

② used specific stationery items

③ held important events

④ took difficult tests

⑤ made their own tools

서술형

**2** 윗글의 밑줄 친 (a) can을 어법상 맞게 3단어로 바꿔 쓰시오.

_____

| Grammar Points! | because 용법들 |

because는 접속사, because of는 전치사이다.
because + 주어 + 동사
because of + 명사
**Because of** <u>the artistic side</u> of it, calligraphy is used in areas such as wedding invitations, computer fonts, and logo design.
이것의 예술적인 측면 때문에 서예는 청첩장, 컴퓨터에서의 글씨체, 로고 디자인과 같은 분야에서 쓰인다.

calligraphy 서예  be concerned with ~에 관계가 있다  composition 구성; 구도(compose 구성하다 -ition 명사)  wedding invitation 청첩장
(invite 초대하다 -ation 명사)  font 서체, 폰트  logo 상징, 로고  scholar 학자  virtue 덕목  uniform 균일한(uni- 하나 form 형태)  looking ~으로
보이는  Four Treasures of the Study 문방사우(네 가지 문방구)  ink brush 붓  ink stone 벼루  stationery 문구

We think of sleep as a time when the mind and body simply stop working. But this is not the case; sleep is an active period when a lot of important things occur. Then, why do we sleep? One possible theory is that sleep restores ① the brain's energy. While sleeping, the brain consumes only about half of ② its glucose. *Another idea is that the brain cleans itself up during sleep. The brain produces <u>much waste</u> because it consumes a huge amount of energy. So, it may need time to clear out ③ <u>toxic substances</u> produced when we are awake. However, the most promising theory is that sleep is key to the brain's ability to reorganize itself, which is called ④ <u>plasticity</u>. This ability is involved in learning and memory. So, if you lose sleep, you could have ⑤ <u>problems</u> with learning and memory.

**1** 윗글의 밑줄 친 much waste와 의미하는 바가 같은 것은?

서술형

**2** 윗글을 읽고 우리가 잠을 자는 이유에 대한 가장 유망한 이론을 우리말로 쓰시오.

_____

_____

**Grammar Points!**　재귀대명사의 두 가지 용법

1. 재귀용법: 주어가 다시 목적어 자리에 나오는 경우로 일반동사나 전치사 뒤에 나오며 생략할 수 없다.
   **Another idea is that the brain cleans itself up during sleep.** 또 하나의 아이디어는 자는 동안 뇌가 자체 청소한다는 것이다. (the brain이라는 주어가 clean의 목적어로 다시 나온 경우)
2. 강조용법: 주어나 목적어를 강조하기 위해 쓰는 경우로 주어나 목적어 바로 뒤에 혹은 문장 맨 뒤에 쓰며 생략할 수 있다.
   **I saw the famous musician myself.** 내가 직접 그 유명한 뮤지션을 봤다. (주어 I를 강조하기 위해 문장 맨 뒤에 나온 경우)

think of A as B A를 B라고 여기다　simply 단순히　active 활동적인　period 기간　occur 일어나다　theory 이론, 학설　restore 회복하다; 복구하다　consume 소비하다　clean up 치우다　waste 폐기물　huge 엄청난　toxic 유독한　substance 물질　awake 깨어 있는　promising 유망한　key 핵심의　ability 능력　reorganize 재정비하다　plasticity 유연성　involve 관련시키다; 포함하다　memory 기억

# Word Check ✖ ✖ ✖

[1-3] 다음 문장에 알맞은 단어를 고르시오.

1  It is hard to endure the (specific / intense) heat from the sun.

2  Just (put / plug) this cord into the back of the TV.

3  The visual (version / aspect) of food is getting more and more important.

[4-6] 다음 빈칸에 들어갈 말을 〈보기〉에서 고르시오. (필요하면 형태를 바꾸시오.)

〈보기〉 gain, trigger, poisonous, addictive, whole

4  Mobile games are very _____.

5  Not all snakes are _____.

6  The incident _____ the war.

[7-9] 다음 짝지어진 단어의 관계와 같도록 빈칸에 알맞은 단어를 쓰시오.

7  healthy : unhealthy = common : _____

8  like : want = happen : _____

9  fulfill : fulfillment = invite : _____

[10-12] 다음 영영풀이가 뜻하는 단어를 쓰시오.

10  causing great surprise or wonder : _____

11  to move upward : _____

12  to bring back to better condition : _____

13  다음 문장의 밑줄 친 부분과 바꿔 쓸 수 있는 단어를 고르시오.

I would like to eat a hamburger for lunch.

① want to        ② have to        ③ used to
④ prefer to      ⑤ agree to

# Unit
## 07

---

## 주장 파악

1. 글을 쓴 필자의 주장이나 글에서 시사하는 바를 찾는 문제이다.
2. 글의 중심 내용을 찾는다는 의미에서 글의 주제나 요지 찾기 문제와 비슷한 유형이다.
3. 글 속에서 반복되는 주요 어휘들을 파악하고 글에서 전하고자 하는 내용을 파악한다.

※ 유형 전략

글의 부분적인 내용보다는 필자가 전반적으로 하려는 이야기가 무엇인지 파악하는 능력이 필요하다.

**Step 1** 글에서 반복되는 어휘나 어구를 찾아 핵심 내용을 추론해본다.

**Step 2** 핵심 내용과 그 내용에 대한 필자의 관점을 파악한다.

**Step 3** 필자의 생각이나 의견을 직접적으로 말하는 부분에 주의한다.

## Words & Phrases

**astronaut** 우주비행사(astro- 별 -naut 사람)
**attacker** 가해자(attack 공격하다 -er 사람)
**be accustomed to** ~에 익숙하다(= be used to)
**capture** 포착하다
**conquer** 정복하다, 극복하다
**device** 장비, 장치
**dust** 먼지
**effective** 효과적인(effect 효과 -ive 형용사)
**escape** 탈출하다
**explore** 탐사하다
**field** 분야
**go through** 겪다, 경험하다
**itchy** 가려운

**moreover** 게다가
**prevent** 막다, 예방하다
**prone to** ~하기 쉬운
**react to** ~에 대응하다
**release** 방출하다; 개봉하다
**require** 요구하다
**rewarding** 보람된(reward 보상(하다) -ing 분사)
**seek to** ~하려고 하다
**self-defense** 자기방어
**sore** 아픈
**victim** 피해자
**withstand** 견디다(with 함께 stand 참다)

# Example

**다음 글에서 필자가 주장하는 바로 가장 알맞은 것은?**

Salt is often used to make our food taste better. Salt consumption has increased during modern times and scientists have begun to look more closely at the effects of salt on our health. Salt is vital for our health as it is involved in balancing the water content in the body and plays a role in how the nervous system sends messages. Salt can also have negative effects on our health. Too much or too little salt in our diet can lead to muscle cramps or dizziness. There are also more serious conditions that can be connected to consuming too much salt.

① 소금은 우리가 먹는 음식의 맛을 더 좋게 해준다.
② 소금은 신경계 질환에 좋은 약이다.
③ 소금은 몸에 중요하지만 적당량을 섭취해야 한다.
④ 소금은 여러 심각한 질병을 일으킬 수 있다.
⑤ 소금과 물은 밀접한 상관관계를 가지고 있다.

## ✕ 문제 해결하기

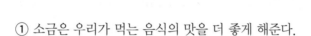

**Step 1  반복되는 어휘를 찾아 핵심 내용 추론하기**
salt, effect, health → 소금이 건강에 미치는 영향

**Step 2  핵심 내용과 그에 대한 필자의 관점 파악**
핵심 내용은 소금이 인체에 미치는 영향이고 필자의 관점은 중립적이다.

**Step 3  필자의 생각이나 의견을 직접적으로 말하는 부분에 주의**
소금은 건강에 필수적이지만 양이 너무 많거나 적으면 근육 경련이나 어지럼증이 올 수 있다. 그러므로 정답은 '소금은 몸에 중요하지만 적당량을 섭취해야 한다.'이다.

---

**salt** 소금  **taste** ~맛이 나다  **consumption** 소비; 섭취  **closely** 면밀히, 자세히  **vital** 필수적인, 중요한  **involved in** ~에 관여하는  **balance** 균형을 유지하다  **content** 함량; 내용물  **nervous system** 신경계  **lead to** ~로 이어지다  **muscle cramp** 근육 경련  **dizziness** 어지럼증  **be connected to** ~와 연결되다

According to the World Health Organization, about 650 million people worldwide live with a physical handicap. These physical disabilities can create challenges in life, but there are numerous ways that people with disabilities can conquer these challenges. People can find support groups or other people with similar disabilities to talk to. *Also, a home or office can be fixed to fit any disability. That would make living and working much easier. Last, maintaining a positive attitude (a) <u>great</u> helps. Keeping a positive attitude is made easier when focusing on things one can do rather than on things one cannot do.

**1** 윗글에서 필자가 주장하는 바로 가장 알맞은 것은?

① 신체 장애는 다른 사람들의 도움으로 극복할 수 있다.

② 신체 장애가 정신 장애보다 생활하는 데 더 어려움을 준다.

③ 전 세계의 장애인들은 서로 소통하여 장애를 극복해야 한다.

④ 신체 장애는 어느 누구에게나 찾아올 수 있다.

⑤ 신체 장애는 어려운 일이지만 극복할 수 있는 방법이 있다.

서술형
**2** 윗글의 밑줄 친 (a) great을 어법에 맞게 고쳐 쓰시오.

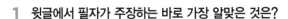

---

**Grammar Points!** 조동사가 있는 수동태

수동태의 기본 형태가 『be + p.p.』이며 조동사 뒤에는 항상 동사원형으로 쓰게 되므로 조동사가 있는 문장의 수동태는 『조동사 + be + p.p.』 형태로 쓴다.

One can fix a home or office to fit any disability.

→ A home or office **can be fixed** to fit any disability. 집이나 사무실을 어떤 장애에도 맞도록 고칠 수 있다.

according to ~에 따르면   worldwide 전 세계적으로   physical handicap 신체 장애   disability 장애   challenge 도전; 어려움   numerous 많은   conquer 정복하다, 극복하다   support group 협력 단체   similar 비슷한   fix 고치다   fit 맞다   maintain 유지하다   attitude 태도   rather than ~라기보다는

Have you ever wondered about all of the cool gadgets that spies use in action movies? *A lot of them are self-defense gadgets, which are used for preventing, avoiding, or reacting to dangerous situations. Remember (a) (the wizards, spells, how, use, could) that disarmed their opponents in *Harry Potter*? Self-defense gadgets function in a similar way! They are designed to protect oneself rather than to hurt someone else. One such example might be a device that releases a cloud of smoke, allowing the victim to escape unseen from the attacker.

**1** 윗글에서 필자가 주장하는 바로 가장 알맞은 것은?

① 액션 영화의 장비들은 실생활에 도움이 안 된다.
② 자기방어 장비들은 남을 해치는 도구로 쓰일 수 있다.
③ 마법사들은 자기방어 장비들을 사용할 필요가 없다.
④ 자기방어 장비들은 자신을 지키기 위한 유용한 수단이다.
⑤ 혁신적인 자기방어 장비들이 시중에 많이 나와 있다.

서술형

**2** 윗글의 빈칸 (a)에 주어진 단어를 문맥에 알맞게 배열하시오.

_____

**Grammar Points!** 병렬구조

등위접속사(and, but, or)로 연결된 두 개 이상의 단어는 같은 형태로 연결되어야 한다.
A lot of them are self-defense gadgets, which are used for <u>preventing</u>, <u>avoiding</u>, or <u>reacting</u> to dangerous situations.
많은 것들이 자기방어 장치들이며 이들은 위험한 상황을 막거나 피하거나 대응하기 위해 사용된다.
(전치사 for의 목적어이므로 모두 동명사를 써서 연결)

cool 멋진   gadget 장비, 장치   self-defense 자기방어   prevent 막다, 예방하다   react to ~에 대응하다   situation 상황   wizard 마법사   spell 주문, 주술   disarm 무력하게 하다(dis- 반대 arm 무장시키다)   opponent 적   in a similar way 비슷하게   device 장비, 장치   release 방출하다; 개봉하다   victim 피해자   escape 탈출하다   attacker 가해자(attack 공격하다 -er 사람)

Most humans fail to remember anything that happened in their life before age three. What some families do to preserve these (a) <u>forget</u> childhood memories is to create scrapbooks or photo albums of their children growing up. Many common moments that parents seek to capture are a baby's first word, a baby's first step, and perhaps the first time the child loses a tooth. Parents can choose to make a collection of those moments, or *they could pass it onto their children for them to create on their own.

**1** 윗글에서 필자가 주장하는 바로 가장 알맞은 것은?

① 아이들은 어린 시절의 기억을 대수롭지 않게 생각한다.
② 아이들의 앨범을 만들어 어린 시절의 기억을 보존할 수 있다.
③ 부모들이 가장 좋아하는 기억은 아이들의 첫 걸음이다.
④ 어린 시절의 앨범을 만드는 것은 아이들에게 맡기는 것이 좋다.
⑤ 기억을 되살리는 것이 아이들의 지능을 키우는 데 도움이 된다.

서술형
**2** 윗글의 밑줄 친 (a) forget을 어법에 맞게 고쳐 쓰시오.

_____

---

**Grammar Points!**   **to부정사의 의미상 주어**

to부정사의 의미상 주어는 to부정사의 행동을 하는 주체를 나타내며 주로 『for + 목적격』으로 쓴다. 그러나 사람의 성질을 나타내는 형용사(kind, nice, brave, careful, wise ...)가 앞에 나오면 『of + 목적격』을 쓴다.

They could pass it onto their children **for them** to create on their own.
그들은 아이들이 혼자서 만들도록 아이들에게 그것을 넘겨줄 수도 있다. (만드는 사람=그들)

It was very kind **of him** to say so.
그가 그렇게 말한 것은 매우 친절했다. (그렇게 말한 사람=그)

---

fail to ~하지 못하다   preserve 보존하다   memory 기억   create 만들다   scrapbook 스크랩북   common 흔한   seek to ~하려고 하다   capture 포착하다   perhaps 아마도   make a collection 모으다(collect 모으다 -ion 명사)   pass A onto ~에게 A를 넘겨주다   on one's own 혼자, 스스로

If you are a teenager going through puberty, chances are pretty good that you have pimples on your face. These irritating red bumps are caused by blockage of pores from excess facial oil, dust, or bacteria. They often become itchy or sore, and can leave a scar (a) <u>if scratched</u>. *One of the most effective ways to reduce the number of pimples is to wash your face with warm water and soap every day. This keeps most germs and excess oil away from your face, keeping your face less prone to breakouts. Moreover, using an anti-pimple facial wash can help as well.

**1** 윗글에서 필자가 주장하는 바로 가장 알맞은 것은?

① 사춘기 십 대들은 여드름에서 자유로울 수 없다.

② 여드름을 줄이는 방법은 매일 따뜻한 물과 비누로 세안하는 것이다.

③ 여드름의 원인은 십 대들의 과도한 스트레스와 박테리아이다.

④ 얼굴의 과도한 기름기가 여드름의 직접적인 원인이다.

⑤ 얼굴의 모공을 막아 여드름을 줄일 수 있다.

서술형

**2** 윗글의 밑줄 친 (a) if scratched에서 생략된 두 단어를 쓰시오.

_____

**Grammar Points!** one of the 최상급 + 복수명사

one of는 '~중에서 하나'라는 의미이므로 뒤에는 복수명사가 나와야 한다.

**One of the most effective ways** to reduce the number of pimples is to wash your face with warm water and soap every day.

여드름의 수를 줄이는 가장 효과적인 방법 중 하나는 매일 따뜻한 물과 비누로 세수를 하는 것이다.

go through 겪다, 경험하다   puberty 사춘기   pimple 여드름, 뾰루지   irritating 짜증 나는   bump 돌출된 부분   blockage 막힘(block 막다 -age 명사)   pore 모공   dust 먼지   itchy 가려운   sore 아픈   scar 상처   scratch 긁다   effective 효과적인(effect 효과 -ive 형용사)   germ 세균   prone to ~하기 쉬운   breakout 돋아나기; 발발   moreover 게다가   facial wash 얼굴 세안제

A lot of children want to become astronauts when they grow up. Being an astronaut takes a lot of hard work and training, but it is one of the most amazing careers someone can have. *Children who want to become astronauts often go to Space Camp, and they study fields like mathematics and physics. Besides being intelligent, potential astronauts need a lot of physical training. (a) *They need to be able to withstand much higher and much lower pulls of gravity than humans on Earth are accustomed to. Flying in a spaceship or being launched into orbit can be very nauseating. So it is necessary that astronauts are in great physical and mental condition. Although the work required of astronauts may seem like a lot, traveling in outer space is a very rewarding experience. Astronauts can orbit the Earth, travel to the moon, and maybe even explore the planet Mars someday!

**1** 윗글에서 필자가 주장하는 바로 가장 알맞은 것은?

① 우주비행사는 최상의 체력을 유지해야 한다.
② 우주비행사는 어린이들의 꿈의 직업이다.
③ 우주비행사가 되고 싶은 아이들은 어려서부터 훈련해야 한다.
④ 우주비행사는 신체적, 정신적 테스트를 거쳐야 한다.
⑤ 우주비행사는 힘들지만 보람된 직업이다.

**2** 윗글의 밑줄 친 (a) They가 가리키는 말을 본문에서 찾아 두 단어로 쓰시오.

_____

---

**Grammar Points!**   **to부정사만 목적어로 취하는 동사들**

to부정사만 목적어로 취하는 동사들로 want, hope, wish, promise, expect, choose, need, plan, agree, decide 등이 있다. 타동사는 목적어를 취하며 동사를 목적어로 쓰기 위해서는 명사의 형태로 바꾸어 주어야 한다. 동사를 명사로 바꾸는 방법에는 to부정사와 동명사가 있다.

Children who **want** to become astronauts often go to Space Camp.
우주비행사가 되고 싶은 아이들은 종종 우주 캠프에 간다.

They **need** to be able to withstand much higher and much lower pulls of gravity.
그들은 훨씬 더 높은 그리고 훨씬 더 낮은 중력을 견딜 수 있어야 한다.

---

astronaut 우주비행사(astro- 별 -naut 사람)  career 직업; 경력  physics 물리학  withstand 견디다(with 함께 stand 참다)  pull 당김  gravity 중력
be accustomed to ~에 익숙하다(= be used to)  launch 발사하다  orbit 궤도(를 돌다)  nauseating 메스꺼운(nausea 메스꺼움 -ate 동사 -ing 분사)
require 요구하다  rewarding 보람된(reward 보상(하다) -ing 분사)  explore 탐사하다  planet 행성

# Word Check ✖ ✖ ✖

**[1-3] 다음 문장에 알맞은 단어를 고르시오.**

1 There are (rewarding / numerous) theories about how life started.

2 The sunlight (prevented / avoided) him from opening his eyes.

3 His new film will be (reduced / released) next week.

**[4-6] 다음 빈칸에 들어갈 말을 〈보기〉에서 고르시오. (필요하면 형태를 바꾸시오.)**

〈보기〉 conquer,  opponent,  function,  victim,  content

4 Healthy eating can _____ almost all diseases.

5 The system didn't _____ as well as we expected.

6 He defeated his _____ in the first round.

**[7-9] 다음 짝지어진 단어의 관계와 같도록 빈칸에 알맞은 단어를 쓰시오.**

7 fix : repair = maybe : _____

8 face : facial = effect : _____

9 physical : mental = attacker : _____

**[10-12] 다음 영영풀이가 뜻하는 단어를 쓰시오.**

10 more than what is needed : _____

11 a heavenly body that moves around a star : _____

12 to keep something unchanged : _____

13 **다음 문장의 밑줄 친 부분과 바꿔 쓸 수 있는 표현을 고르시오.**

Children should not be left to <u>go through</u> all the difficulties by themselves.

① require          ② capture          ③ experience

④ seek             ⑤ wonder

# Unit 08

## 함축적 의미 및 중의 추론 (1)

### ✕ 유형 소개

1. 전체 글에 대한 이해를 바탕으로 특정 어구가 의미하는 바를 추론하는 문제이다.
2. 문맥에서 특정 어구가 비유하거나 함축하는 뜻을 유추해 내는 유형이다.
3. 각 문장이 가지는 내용상 공통점을 찾아보면 함축된 의미를 알아낼 수 있다.

### ✕ 유형 전략

글의 흐름을 정확히 이해하여 특정 어구가 의미하는 바를 문맥을 통해 추론할 수 있어야 한다.

**Step 1** 글의 전체적인 주제를 파악한다.

**Step 2** 특정 어구의 앞뒤 문맥을 살펴 추가적인 설명을 확인한다.

**Step 3** 반복되는 어휘와 글의 전환이 있는 부분에 주의한다.

**Step 4** 대체할 수 있는 말로 정답을 확인한다.

## Words & Phrases

appetite 식욕
basement 지하실
bookmark 책갈피
commercial 상업적
controversial 논란이 되는
criticize 비판하다, 비난하다
depression 우울증(depress 우울하게 하다 -ion 명사)
devastating 황폐시키는, 파괴적인
emotional 감정적인(emotion 감정 -al 형용사)
employee 직원(employ 고용하다 -ee 당하는 사람)
groundbreaking 획기적인
immune system 면역체계
ingredient 재료

in honor of ~을 기념하여
inspire 영감을 주다
laugh 웃다
medicine 약
mushroom 버섯
nevertheless 그럼에도 불구하고
office supplies 사무용품
piece 작품
production 생산(produce 생산하다 -ion 명사)
profitable 수익성 높은(profit 수익 -able ~할 수 있는)
revolutionary 혁신적인
world-renowned 세계적으로 알려진

# Example

**밑줄 친 these essential elements of nature가 의미하는 바로 가장 알맞은 것은?**

As humans continue to interfere with the natural habitats of wildlife, more species are becoming endangered every day. This implies that the balance of the food chain is being broken and the diversity of wildlife is being destroyed. This also means that we humans will be affected and become vulnerable eventually. That's why there are numerous environmental agencies in the world whose missions are to save <u>these essential elements of nature</u>, such as the World Wildlife Fund and the Endangered Species Program of the U.S. Fish and Wildlife Service. These agencies try to raise awareness for the importance of biodiversity and they protect habitats of endangered species.

① 야생 동물의 서식지들
② 먹이 사슬의 다양한 종들
③ 많은 환경단체들
④ 자연의 불균형으로 아픈 사람들
⑤ 멸종 위기의 종들

## ✕ 문제 해결하기

**Step 1** **글의 전체적인 주제 파악**
전반적으로 위험에 처한 멸종 위기의 종을 구하는 여러 단체의 존재 의미를 말하고 있다.

**Step 2** **어구 앞뒤의 추가적 정보 확인**
어구 뒤의 문장에서 생물 다양성의 중요성에 대한 인식과 멸종 위기의 종을 보호한다는 말이 언급되었다.

**Step 3** **반복되는 어휘와 글의 전환에 주의**
endangered species(반복 어휘), That's why(글의 전환)

**Step 4** **정답 확인**
대체할 수 있는 표현(endangered species)을 넣어서 글의 흐름이 매끄러운지 확인한다.

interfere with 간섭하다, 방해하다　habitat 서식지　wildlife 야생생물　species 종(種: 생물 분류의 기초 단위)　endangered 멸종 위기에 처한　imply 의미하다　balance 균형　food chain 먹이사슬　diversity 다양성　vulnerable 취약한　eventually 결국　environmental agency 환경단체 element 요소　awareness 인식　biodiversity 생물 다양성

*You might think of the gross mold you find in the basement when you hear the word "fungus," but fungus is actually much more than that. First of all, mushrooms are a kind of fungus, and they are a widely used ingredient in many cuisines. Moreover, fungi played a very important role in the pharmaceutical industry in the past century. Ten out of twenty of the most profitable medicines use fungi in their production, (a) <u>include</u> penicillin. <u>This beneficial source of medicine</u> is also very useful in biochemical technology, and is still being used in numerous research projects nowadays.

**1** 윗글의 밑줄 친 **This beneficial source of medicine**이 의미하는 바로 가장 알맞은 것은?

① 지하실의 곰팡이
② 음식에 쓰이는 버섯
③ 유용한 곰팡이
④ 요리 재료
⑤ 화학적 약 성분

서술형
**2** 윗글의 밑줄 친 (a) <u>include</u>를 어법에 맞게 고쳐 쓰시오.

_____

| Grammar Points! | 시간의 부사절을 이끄는 접속사 when |

when은 '~할 때'라는 의미로 시간의 부사절을 이끌며 부사절에서는 미래의 조동사 will을 쓰지 않고 현재시제로 쓴다. 이 밖에도 시간의 부사절을 이끄는 접속사로는 while(~하는 동안), as(~하면서), until(~할 때까지), after(~한 후에), before(~하기 전에) 등이 있다.

You might think of the gross mold you find in the basement **when** you hear the word "fungus."
여러분이 "곰팡이"라는 말을 들으면 지하실에서나 발견하는 역겨운 곰팡이를 생각할 것이다.

gross 역겨운  mold 곰팡이  basement 지하실  fungus 곰팡이류, 균류(복수형 fungi)  mushroom 버섯  ingredient 재료  cuisine 요리  pharmaceutical industry 제약산업  profitable 수익성 높은(profit 수익 -able ~할 수 있는)  medicine 약  production 생산(produce 생산하다 -ion 명사)  beneficial 이로운(bene- 선, -ial 형용사)  biochemical technology 생화학 기술

Andy Warhol is a world-renowned American pop artist. He is most well-known for his piece featuring Campbell soup cans. He was born in Pittsburgh, Pennsylvania, *the city in which the Andy Warhol Museum was built later in honor of him. Andy Warhol was often a controversial figure, who spoke his mind openly about commercial aspects of art. Some people criticized him for <u>his attitude toward art</u>, saying that he was too superficial. Nevertheless, his artwork was considered groundbreaking and revolutionary, and his art is still considered extremely valuable. He is considered an icon of pop culture, and (a) <u>a great deal of</u> movies and books were made inspired by him.

**1** 윗글의 밑줄 친 his attitude toward art가 의미하는 바로 가장 알맞은 것은?

① 예술은 주관적이라는 태도
② 예술의 상업적 측면을 강조하는 태도
③ 예술 작품을 대중과의 소통으로 보는 태도
④ 예술 작품을 가치 있는 것으로 보는 태도
⑤ 예술 작품을 위한 박물관이 필요하다는 태도

서술형
**2** 윗글의 밑줄 친 (a) a great deal of를 어법에 맞게 고쳐 쓰시오.

_____

**Grammar Points!** 　　전치사 + 목적격 관계대명사

관계대명사 바로 앞에 전치사가 오는 경우 관계대명사 that은 쓸 수 없고, 선행사가 사람이면 whom, 사물이면 which를 써야 한다.
목적격 관계대명사는 전치사를 문장 뒤로 돌리는 경우 생략 가능하다.
the city **in which** the Andy Warhol Museum was built later in honor of him
→ the city **(which)** the Andy Warhol Museum was built **in** later in honor of him
그를 기념하여 후에 Andy Warhol 박물관이 세워진 도시

world-renowned 세계적으로 알려진　piece 작품　feature ~의 특징을 그리다　in honor of ~을 기념하여　controversial 논란이 되는　figure 인물　openly 솔직하게　commercial 상업적　criticize 비판하다, 비난하다　superficial 피상적인　nevertheless 그럼에도 불구하고　artwork 예술작품　groundbreaking 획기적인　revolutionary 혁신적인　extremely 대단히　icon 상징　inspire 영감을 주다

## 3

Have you laughed today? How about yesterday, or the day before? Laughing is the best medicine, so they say. It relieves stress and pain, generates endorphins in your brain, and it even strengthens your immune system. (a) (benefit, it, does, not only, you), but also the people around you. Laughter is infectious, so it often makes other people smile or laugh with you, making your environment happier and more cheerful. *So why not give yourself this natural vitamin today? It could make your day happy, and someone else's day, too.

**1** 윗글의 밑줄 친 this natural vitamin가 의미하는 바로 가장 알맞은 것은?

① 엔도르핀

② 웃음

③ 면역체계

④ 친환경

⑤ 행복한 하루

서술형

**2** 윗글의 (a)에 주어진 단어를 문맥에 알맞게 배열하시오.

_____

**Grammar Points!**　**Why not + 동사원형**

Why not + 동사원형: ~하는 게 어때? (Why don't you + 동사원형 ~? = How about -ing? = What about -ing?)
So **why not give** yourself this natural vitamin today?
= So **why don't you give** yourself this natural vitamin today?
그러니 오늘 자신에게 이 천연 비타민을 주는 건 어떨까?

laugh 웃다　relieve 완화시키다　pain 고통　generate 만들어내다　endorphin 엔도르핀(뇌 안에서 진통 작용을 하는)　brain 뇌　strengthen 강화하다
immune system 면역체계　benefit 혜택을 주다　infectious 전염되는　environment 환경　cheerful 즐거운　make one's day ~의 하루를 ~하게
하다

The emotional stress one goes through after losing a loved one can be devastating. Loss of appetite, severe mood swings, and chronic depression are all common symptoms of the grief caused by the loss of loved ones. The best way to cope with these feelings is to let yourself live through the sadness, and to know that it is natural and healthy (a) (that way, to feel, for you). *Remind yourself that seeking help from other family members and friends is not a sign of weakness. Being able to be open about one's vulnerability takes a lot of courage.

**1** 윗글의 밑줄 친 these feelings가 의미하는 바로 가장 알맞은 것은?

① 가벼운 우울증
② 슬픔에 대처하는 용기
③ 병을 이겨내지 못하는 나약함
④ 사랑하는 사람을 잃은 슬픔
⑤ 의욕 상실의 증상

서술형

**2** 윗글의 (a)에 주어진 단어를 문맥에 알맞게 배열하시오.

_____

---

**Grammar Points!**　　**재귀대명사의 재귀용법**

주어가 목적어로 다시 쓰일 때 목적어 자리에 재귀대명사를 쓴다.
**Remind yourself** that seeking help from other family members and friends is not a sign of **weakness.** 다른 가족이나 친구들에게서 도움을 구하는 것은 나약함의 표시가 아니라는 것을 자신에게 상기시켜라.
(명령문이므로 목적어 자리에 yourself)

emotional 감정적인(emotion 감정 -al 형용사)　go through 겪다　loved one 사랑하는 사람　devastating 황폐시키는, 파괴적인　appetite 식욕 severe 심각한　mood swing 감정의 기복　chronic 만성적인　depression 우울증(depress 우울하게 하다 -ion 명사)　symptom 증상　cope with ～에 대처하다　vulnerability 취약성(vulnerable 취약한 -ity 명사)　courage 용기

Arthur Fry, an employee at the company 3M in the 1970s, was in search of a bookmark that would not only stay on but also come off easily from the surface of his church book. Then he heard about a failed attempt at a strong adhesive, which had been invented by a colleague named Dr. Spencer Silver. The adhesive was not strong enough to stay on surfaces when force was applied, and it would fall off without any residue. One thing that seemed useful, _____(a)_____, was that the adhesive would still stick to other surfaces when repositioned. Arthur Fry was inspired by this less than perfect invention, and decided to make the bookmark that he wanted by applying this adhesive along the edge of a piece of paper. *This was what later became known as the Post-it note, which is one of the most popular office supplies of today.

**1** 윗글의 밑줄 친 this less than perfect invention이 의미하는 바로 가장 알맞은 것은?

① 동료가 했던 실패한 실험
② 어디에나 잘 붙는 강력 접착제
③ 실패한 강력 접착제
④ 교회에서 쓰이는 책갈피
⑤ 포스트잇

[서술형]

**2** 윗글의 빈칸 (a)에 들어갈 알맞은 연결사를 쓰시오.

_____

---

**Grammar Points!** 　관계대명사 what(= the thing which)

what은 선행사를 포함하는 관계대명사로 '~하는 것'으로 해석한다.
This was **what** later became known as the Post-it note. 이것이 나중에 포스트잇으로 알려지게 된 것이었다.

---

**employee** 직원(employ 고용하다 -ee 당하는 사람)　**in search of** ~을 찾아　**bookmark** 책갈피　**come off** 떼어지다　**surface** 표면　**adhesive** 접착제(adhere 붙다 -ive 형용사)　**colleague** 동료　**residue** 잔여물　**stick to** ~에 달라붙다　**reposition** 다른 장소로 옮기다(re- 다시 pose 위치 -ion 명사)　**edge** 끝, 가장자리　**office supplies** 사무용품

# Word Check ✖ ✖ ✖

정답 및 해설 p.13

[1-3] 다음 문장에 알맞은 단어를 고르시오.

1  People started to realize the (chronic / emotional) benefits of exercise.

2  He is one of my (colleagues / family) from work.

3  I lost my (cuisine / appetite) after the movie.

[4-6] 다음 빈칸에 들어갈 말을 〈보기〉에서 고르시오. (필요하면 형태를 바꾸시오.)

〈보기〉 relieve,  valuable,  attempt,  ingredient,  popular

4  This medicine will _____ your pain.

5  What is the main _____ of this food?

6  Baseball is one of the most _____ sports in the U.S.

[7-9] 다음 짝지어진 단어의 관계와 같도록 빈칸에 알맞은 단어를 쓰시오.

7  profit : profitable = value : _____

8  blame : criticize = sadness : _____

9  use : useful = benefit : _____

[10-12] 다음 영영풀이가 뜻하는 단어를 쓰시오.

10  a piece of card that you put between the pages of a book : _____

11  the mental state of feeling sad and enjoying nothing : _____

12  feeling happy or excited : _____

13  다음 문장의 밑줄 친 부분과 바꿔 쓸 수 있는 표현을 고르시오.

Moreover, she is not my teacher any more.

① Finally          ② However          ③ In addition
④ Therefore        ⑤ After all

# Unit
## 09

---

# 함축적 의미
# 및 중의 추론 (2)

## ✄ 유형 소개

1. 전체 글에 대한 이해를 바탕으로 특정 어구가 의미하는 바를 추론하는 문제이다.
2. 문맥에서 특정 어구가 비유하거나 함축하는 뜻을 유추해 내는 유형이다.
3. 어구 앞이나 뒤에서 그에 대한 설명이 나오는 경우가 많다.

## ✄ 유형 전략

글의 흐름을 정확히 이해하여 특정 어구가 의미하는 바를 문맥을 통해 추론할 수 있어야 한다.

**Step 1** 글의 전체적인 주제를 파악한다.

**Step 2** 요지, 반복 어구를 통해 밑줄 친 부분이 비유하는 것을 파악한다.

**Step 3** 반복되는 어휘와 글의 전환이 있는 부분에 주의한다.

**Step 4** 어구의 앞이나 뒤에서 언급된 내용에서 함축적 의미를 파악한다.

## Words & Phrases

boost 증진시키다

by far 단연코

character 특징; 등장인물

combine 결합하다

come in contact with ~와 접촉하다

consequence 결과

distinguish 구별하다

encounter 마주치다

exhibit 보여주다

experiment 실험하다

government 정부(govern 통치하다 -ment 명사)

host 주관하다, 열다

inconvenient 불편한

in the sense that ~라는 의미에서

layer 층

make sure to 꼭 ~하다

modify 수정하다

name after ~의 이름을 따서 이름 짓다

photography 사진(학)

protection 보호(protect 보호하다 -ion 명사)

range from A to B 범위가 A에서 B에 이르다

search for ~을 찾다

separate 분리하다

spot 찾다

stare 응시하다

stick out 내밀다

tragic 비극적인

wash off 씻어내다

# Example

밑줄 친 the number가 의미하는 바로 가장 알맞은 것은?

정답 및 해설 p.13

70% of our body is made of water, so it is no exaggeration to say that what we drink is what we are. Without clean, drinkable water, we will wither quickly. Many people around the world suffer from a shortage of drinking water. In these countries, thousands of people die every day from thirst and diseases caused by it. It is estimated that more than 1.2 billion people around the world do not have access to potable water. The United Nations has made it one of its Millennium Development Goals to reduce the number by half.

① 식수를 구하지 못하는 사람들의 수
② 물 부족으로 고통 받는 사람들의 수
③ 갈증으로 매일 사망하는 사람들의 수
④ 세계적으로 물 관련 질병을 앓는 사람들의 수
⑤ UN이 식수를 보급하는 나라들의 수

## ✕ 문제 해결하기

**Step 1** **글의 전체적인 주제 파악**
이 글은 세계적으로 식수를 구하지 못해 고통받는 사람들이 많다고 서술하고 있다.

**Step 2** **요지, 반복 어구를 통해 밑줄 친 부분이 비유하는 것을 파악**
전 세계에서 12억 이상의 사람들이 식수를 구입하지 못한다.

**Step 3** **반복되는 어휘와 글의 전환에 주의**
drink, drinkable water, drinking water, potable water 등 식수에 관한 이야기이다.

**Step 4** **어구의 앞이나 뒤에서 언급된 내용에서 함축적 의미를 파악하며 정답 확인**
UN이 반으로 줄이고자 하는 수는 앞 문장에 언급된 마실 수 있는 물을 구하지 못하는 사람들의 수다.

be made of ~로 만들어져 있다  exaggeration 과장  drinkable 마실 수 있는  wither 시들다  suffer from ~로 고통받다  shortage 부족  thirst 갈증  estimate 추산하다  billion 십억  have access to ~에 접근하다  potable (물이) 마실 수 있는  millennium 새천년  by half 반으로

After Korea was divided into two countries as a consequence of the Korean War, many families who were separated during the war had to remain in this tragic situation, and could not hear about or meet each other. These families have voiced their sadness and desperation to reunite with their parents or siblings. The first family reunion (a) _____ South Korea and North Korea took place in 1985, and since then there have been a few more reunions hosted by the two Korean governments. *It is indeed heartbreaking to imagine the sadness that these families must have experienced missing each other.

**1** 윗글의 밑줄 친 **this tragic situation**이 의미하는 바로 가장 알맞은 것은?

① 끝나지 않은 한국전쟁

② 전쟁으로 인한 가족과의 생이별

③ 한국전쟁으로 가족을 잃은 슬픔

④ 정부가 외면하는 전쟁 후유증

⑤ 전쟁 유가족에 대한 정부의 지원 중단

서술형
**2** 윗글의 빈칸 (a)에 들어갈 알맞은 전치사를 쓰시오.

_____

**Grammar Points!**　　**must have p.p.**

추측의 조동사와 have p.p.가 함께 쓰이면 현재에 대한 추측이 아닌 과거에 대한 추측을 나타낸다.
must have p.p.: ~했음에 틀림없다, may have p.p.: ~했을 지도 모른다, can't have p.p.: ~했을 리가 없다
**It is indeed heartbreaking to imagine the sadness that these families must have experienced missing each other.** 이 가족들이 서로를 그리워하며 겪었음에 틀림없을 슬픔을 상상하는 것은 정말 가슴이 아프다.

divide 나누다, 분리하다　consequence 결과　separate 분리하다　tragic 비극적인　desperation 절실함(desperate 절실한 -ion 명사)　reunite 재회하다(re- 다시 unite 연합하다)(cf. reunion 재회, 상봉)　sibling 형제자매　take place 일어나다　host 주관하다, 열다　government 정부(govern 통치하다 -ment 명사)　indeed 정말　heartbreaking 가슴 찢어지는　miss 그리워하다

Opossums, often called "possums," are a type of marsupial with an average size of 76 cm. They search for food, which ranges from grass and fruit to insects and even chickens. They can be spotted near garbage cans or roadkill. *Opossums are known for this interesting behavior called "playing possum," which is playing dead by staring aimlessly into the air and sticking out their tongue. They will exhibit this behavior when they feel (a) threaten by bigger animals or even other opossums. This tactic allows them to trick the enemy into thinking the opossum is dead, helping it to make an escape.

**1** 윗글의 밑줄 친 playing possum이 의미하는 바로 가장 알맞은 것은?

① 주머니쥐와 노는 것
② 주머니쥐의 역할을 하는 것
③ 적에게 죽은 척하는 것
④ 도망가는 놀이를 하는 것
⑤ 먹이를 찾는 것

서술형
**2** 윗글의 밑줄 친 (a) threaten을 어법에 맞게 고쳐 쓰시오.

_____

**Grammar Points!** | **by 이외의 전치사를 쓰는 수동태**

| be known for | be known as | be known to | be known by |
|---|---|---|---|
| ~로 알려져 있다 | ~로서 알려져 있다 | ~에게 알려져 있다 | ~에 의해 알려지다 |

Opossums **are known for** this interesting behavior called "playing possum."
주머니쥐는 "죽은 척 하기"라고 불리는 이 흥미로운 행동으로 알려져 있다.

opossum 주머니쥐(cf. play possum 죽은 척 하기)  marsupial 유대류, 유대목 동물  search for ~을 찾다  range from A to B 범위가 A에서 B에 이르다  insect 곤충  spot 찾다  garbage can 쓰레기통  roadkill 자동차에 치여 죽은 동물  stare 응시하다  stick out 내밀다  tongue 혀  exhibit 보여주다  threatened 위협받은(threat 위협 -en ~하게 하다 -ed 과거분사)  tactic 기술  make an escape 탈출하다

Narcissus, a character in Greek mythology, was a hunter who was born between a river god father and a nymph mother. One day, he approached a pool of water, saw his reflection, and fell helplessly in love with it, not knowing that it was his own image. Narcissus could not leave the reflection and died at the poolside. (a) _____ his death, *a flower was said to have grown at his death site, which was named (b) _____ him. This flower grew toward the water, looking over <u>its own reflection</u>. Narcissus became the root word for narcissism, which means "excessively being in love with oneself."

**1** 윗글의 밑줄 친 its own reflection이 의미하는 바로 가장 알맞은 것은?

① 나무가 비친 모습
② 물에 비친 하늘의 풍경
③ Narcissus가 본 풍경
④ 꽃이 물에 비친 모습
⑤ 물에 비친 사냥꾼의 모습

서술형
**2** 윗글의 빈칸 (a)와 (b)에 공통으로 들어갈 알맞은 전치사를 쓰시오.

_____

**Grammar Points!** 완료부정사: to have p.p.

완료부정사는 문장의 동사보다 앞선 시제를 나타낸다.
A flower was said **to have grown** at his death site.
→ People said that a flower **had grown** at his death site.
사람들은 그가 죽은 자리에서 꽃이 한 송이 피어났다고 말했다. (꽃이 핀 것이 사람들이 말한 것보다 먼저)

character 특징; 등장인물   mythology 신화   nymph 님프; 요정   reflection 반사된 모습(reflect 반사하다 -ion 명사)   fall in love with ~와 사랑에 빠지다   helplessly 무기력하게(help 도움 -less 없는 -ly 부사)   site 자리   name after ~의 이름을 따서 이름 짓다   toward ~쪽으로(to ~로 -ward 방향)   excessively 지나치게(excess 지나침 -ive 형용사 -ly 부사)

*Fine art photography is distinguished from other types of photography in the sense that photos are used as a medium for art. In other words, a photographer's camera is much like a painter's paint palette. In art photography, the artist experiments with different techniques of (a) take, develop, and edit pictures. As digital editing techniques become more sophisticated, there is more room for experimentation for artists. Sometimes artists combine physical editing with digital editing, meaning they can modify the physical prints of these pictures to add a sculpture-like character to them.

**1** 윗글의 밑줄 친 more room for experimentation이 의미하는 바로 언급된 것은?

① 액자를 화려하게 꾸미는 것
② 사진과 그림을 결합하는 것
③ 사진을 여러 장 뽑는 것
④ 디지털 카메라로 사진 찍는 것
⑤ 사진에 없는 대상을 넣는 것

서술형
**2** 윗글의 밑줄 친 (a)를 어법에 맞게 쓰시오.

_____

---

**Grammar Points!** 　　부정대명사 other

other는 '다른'이라는 의미로, 뒤에 복수명사를 써서 '다른 ~들'이라는 의미를 나타낸다.
Fine art photography is distinguished from **other** types of photography.
예술 사진은 다른 종류의 사진과 구별된다.

---

fine art 미술; 예술　**photography** 사진(학)　**distinguish** 구별하다　**in the sense that** ~라는 의미에서　**medium** 수단, 매개체　**in other words** 다시 말하면　**palette** 팔레트　**experiment** 실험하다(*cf.* experimentation 실험)　**technique** 기술　**develop** (필름을) 현상하다　**edit** 편집하다　**sophisticated** 세련된; 정교한　**combine** 결합하다　**modify** 수정하다

A cold is perhaps the most common infection you may encounter. An average person will catch a cold two to four times a year. However, there are easy measures that can be adopted every day to avoid this inconvenient visitor. By far, the best way to prevent a cold is frequent handwashing. Most germs come in contact with our body through our hands. Wash your hands thoroughly for 20-30 seconds with warm water and soap, and then gently wash off the soap. Making sure to dry your hands also adds another layer of protection from germs, (a) bacteria, moisture, thrive, allows, as, to, the, skin, on. *Another measure that can be taken to prevent a cold is taking vitamin C and zinc supplements. Both of them help boost our immune system, and are readily available at a drugstore.

**1** 윗글의 밑줄 친 **this inconvenient visitor**가 의미하는 바로 가장 알맞은 것은?

① 세균     ② 감기     ③ 박테리아

④ 습기     ⑤ 영양 보충제

> 서술형

**2** 윗글의 (a)에 주어진 단어들을 다음 우리말과 의미가 같도록 올바르게 배열하시오.

(a) 습기가 박테리아로 하여금 피부에서 잘 자라도록 하기 때문에

_____

**Grammar Points!**    **부정대명사 another**

another는 정해지지 않은 단수명사를 대신하는 대명사로 '또 다른 하나'의 의미이다. another가 형용사로 쓰이는 경우에는 뒤에 단수명사와 함께 쓰여 '또 다른 (하나의)'라는 의미를 나타낸다.

**Another** measure that can be taken to prevent a cold is taking vitamin C and zinc supplements.
감기를 예방하기 위해 취할 수 있는 또 다른 방법은 비타민 C와 아연 보충제를 먹는 것이다.

infection 감염, 전염   encounter 마주치다   inconvenient 불편한   by far 단연코   prevent 예방하다   frequent 잦은, 빈번한   germ 세균   come in contact with ~와 접촉하다   wash off 씻어내다   make sure to 꼭 ~하다   layer 층   protection 보호(protect 보호하다 -ion 명사)   moisture 습기   thrive 잘 자라다   zinc 아연   supplement 보충(물), 추가(물)   boost 증진시키다   immune system 면역 체계   drugstore 약국

# Word Check ✕ ✕ ✕

**[1-3] 다음 문장에 알맞은 단어를 고르시오.**

1   There are only a few tickets (tragic / available).

2   (Medium / Root) vegetables are good for health.

3   He is not a major (character / experiment) in the book.

**[4-6] 다음 빈칸에 들어갈 말을 〈보기〉에서 고르시오. (필요하면 형태를 바꾸시오.)**

〈보기〉 tongue,  average,  remain,  moisture,  stare

4   It is hard to _____ calm in an emergency.

5   She was _____ at me with an angry face.

6   The _____ life span of Korean men is over 78.

**[7-9] 다음 짝지어진 단어의 관계와 같도록 빈칸에 알맞은 단어를 쓰시오.**

7   infect : infection = reflect : _____

8   tongue : body = ant : _____

9   helpful : helpless = convenient : _____

**[10-12] 다음 영영풀이가 뜻하는 단어를 쓰시오.**

10   a very small life form that causes diseases : _____

11   happening pretty often : _____

12   someone who hates and tries to harm you : _____

13   **다음 문장의 밑줄 친 부분과 바꿔 쓸 수 있는 표현을 고르시오.**

You wouldn't believe what <u>happened</u> last night.

① made sure          ② made an escape          ③ came in contact

④ took place          ⑤ looked over

# Unit 10

## 속담, 격언 추론

### ✂ 유형 소개

1. 전체 글이 어떤 속담이나 격언을 상징하고 있는지 추론하는 문제이다.
2. 글의 내용이 비유하거나 상징하는 의미를 유추해 내는 유형이다.
3. 글의 흐름을 파악하고 보기의 속담 중 일치되는 정답을 찾는다.

### ✂ 유형 전략

글의 흐름을 정확히 이해하여 내용이 상징하는 속담이나 격언을 추론할 수 있어야 한다.

**Step 1** 글의 전체적인 내용을 파악한다.

**Step 2** 글의 세부사항에 집중하지 않고 전체적인 흐름과 결론을 확인한다.

**Step 3** 선택지의 속담이나 격언의 의미를 파악한다.

**Step 4** 글과 선택지 정답을 비교하며 확인한다.

## Words & Phrases

allowance 용돈

ankle 발목

apology 사과, 용서를 빎

ask A for help A에게 도움을 요청하다

class president 반장

college 대학

compared to ~와 비교해서

due ~가 마감인

essay 에세이, 보고서

go off 울리다

graduate 졸업생

inspiring 자극하는, 고무적인

make it to ~에 도착하다

mixed opinion 상반된 의견

nutrient 영양소

on the other hand 반면에

onion 양파

refuse 거절하다, 거부하다

report 보고서

right after 직후에

run for ~에 출마하다

savings 모은 돈(save 저축하다 -ing 동명사)

share 몫, 부분

to make matters worse 설상가상으로

tropical 열대의

try one's best 최선을 다하다

unique 독특한

various 다양한(vary 다양하게 하다 -ous 형용사)

# Example

**다음 글이 설명하는 가장 알맞은 속담은?**

A long time ago, there lived a young man. He helped his parents by herding sheep on a small ranch. One day, he fell off his horse and broke his leg. He was sent to the village doctor and the doctor told the boy's family that he would walk on crutches for the rest of his life. Then the next year, a war broke out and all the men in the village were called away to fight. Many of them died or were seriously injured and never returned home. However, the boy stayed home safe.

① Nothing ventured, nothing gained.
② A stitch in time saves nine.
③ Don't bite the hand that feeds you.
④ Beauty is only skin deep.
⑤ Every cloud has a silver lining.

---

✕ **문제 해결하기**

> **Step 1** **글의 전체적인 내용 파악**
> 청년이 다리를 다쳤지만 전쟁에 나가지 않게 되어 목숨을 구한다.
>
> **Step 2** **전체적인 흐름과 결론 확인**
> 나쁜 일이 일어났지만 결국 그 일이 좋은 결론으로 이어진다.
>
> **Step 3** **선택지 속담의 의미 파악**
> '모든 먹구름에는 한 줄기 빛이 있다.'는 속담은 좋지 않은 일에도 희망이 있다는 의미이다.
>
> **Step 4** **글과 선택지 정답과 비교 확인**
> 젊은이가 다리를 다쳐 목발을 짚고 다녀야 하는 것은 좋지 않은 일이지만 후에 전쟁에 나가지 않게 되어 목숨을 건진 것은 다행인 일이므로 안 좋은 일에도 희망이 있다는 것에 해당한다.

---

herd (동물을) 몰다  ranch 목장  fall off ~에서 떨어지다  village 마을  crutches 목발  rest 나머지  break out 발발하다, 발생하다  seriously 심하게  injure 부상 입히다  return 돌아오다  venture 모험하다, 위험을 무릅쓰고 하다  stitch 바늘땀

Greg had such a long essay to write that he had no time to finish his share of the household chores. He decided to ask his sister Jane to help with the chores. She was watching TV in the living room. Instead of helping him, she just kept watching TV. *So, he had to do all the work by himself. The next week, Jane returned home with a worried look. (a) She forgot writing a report that was due the following day. She asked her brother Greg for help, but this time he refused and turned on the TV.

**1** 윗글이 설명하는 가장 알맞은 속담은?

① When the cat is away, the mice will play.
② What goes around comes around.
③ Time and tide wait for no man.
④ The nail that sticks out gets pounded.
⑤ Love is blind.

**2** 윗글의 밑줄 친 문장 (a)에서 어법상 **틀린** 부분을 찾아 고쳐 쓰시오.

_____

---

**Grammar Points!** **재귀대명사의 관용적 표현**

for oneself 스스로, 혼자 힘으로, of itself 저절로, in itself 본래, by oneself 혼자서(= alone)
So, he had to do all the work **by himself**. 그래서 그는 모든 일을 그 혼자 해야만 했다.

---

essay 에세이, 보고서   share 몫, 부분   household chore 집안일   instead of ~하는 대신   worried look 걱정되는 표정   report 보고서   due ~가 마감인   ask A for help A에게 도움을 요청하다   refuse 거절하다, 거부하다   tide 조수((밀물과 썰물))   nail 못; 손톱, 발톱   pound 치다, 두드리다

Tanya and Nancy receive an allowance from their parents every week. They can spend their money however they want. Tanya usually goes shopping right after she gets the money and spends it all while Nancy saves most of her money. Last weekend, they visited the National Park near their home. When they arrived, *they found a souvenir shop where there were various interesting items. Tanya wanted to buy a lovely teddy bear, but it cost ten dollars. And of course, she didn't have any money. On the other hand, Nancy found a nice baseball cap, which she was able to buy with her savings.

**1** 윗글이 설명하는 가장 알맞은 속담은?

① A friend in need is a friend indeed.

② Slow and steady wins the race.

③ Honesty is the best policy.

④ Money is the root of all evil.

⑤ A penny saved is a penny earned.

서술형
**2** 윗글의 내용을 읽고 우리말에 맞게 빈칸을 채우시오.

만약 Tanya가 그녀의 돈을 저축했더라면 사랑스러운 곰돌이를 살 수 있었을 텐데.

→ If Tanya _____ her money, she _____ a lovely teddy bear.

**Grammar Points!** 관계부사 where

관계부사는 접속사와 부사의 역할을 하여 앞에 나오는 선행사를 수식하는 형용사절을 이끈다. 선행사의 종류에 따라 where(장소), when(시간), why(이유), how(방법)가 있다.

They found a souvenir shop **where** there were various interesting items.
그들은 다양한 흥미로운 물건들이 있는 기념품 가게를 찾을 수 있었다.

allowance 용돈  right after 직후에  save 저축하다(cf. savings 모은 돈(save 저축하다 -ing 동명사))  souvenir shop 기념품 가게  various 다양한(vary 다양하게 하다 -ous 형용사)  item 물건  lovely 사랑스러운  teddy bear 테디베어, 곰돌이 인형  on the other hand 반면에  indeed 정말로  steady 꾸준한  honesty 정직  policy 방침, 정책  evil 악; 사악함  earn (돈을) 벌다

The durian is a unique tropical fruit. It is famous for its strong smell and unusual taste. It grows in tropical regions around the world such as Malaysia, Indonesia and Thailand. The International Durian Tourism Festival was first held in Bentong, Malaysia. Many tourists visit the town to eat the fruit. People have mixed opinions about durian. Some people like the sweet taste, while others hate the smell because it smells (A) _____ sewage or rotting onion. In fact, *the smell is so strong that it is illegal in hotels and public transport in Southeast Asia. However, durian is very high in nutrients compared to most fruits. That's why it is called "the king of fruits."

**1** 윗글이 설명하는 가장 알맞은 속담은?

① A little knowledge is dangerous.

② Don't judge a book by its cover.

③ Sleep is better than medicine.

④ All that glitters is not gold.

⑤ Let bygones be bygones.

서술형

**2** 윗글의 빈칸 (A)에 들어갈 알맞은 말을 쓰시오.

_____

---

**Grammar Points!**　so 형용사/부사 that 주어 + 동사 (너무 ~해서 …하다)

「so ~ that」 구문으로 원인과 결과를 나타낼 수 있다.
The smell of the durian is **so** strong **that** it is illegal in hotels.
두리안의 냄새가 너무 강해서 호텔에서는 불법이다.

---

unique 독특한　tropical 열대의　unusual 특이한　region 지역　tourism 관광(cf. tourist 관광객)　festival 축제　mixed opinion 상반된 의견
sewage 하수도　rotting 썩는　onion 양파　illegal 불법의　public transport 대중교통　Southeast Asia 동남아시아　nutrient 영양소
compared to ~와 비교해서　knowledge 지식

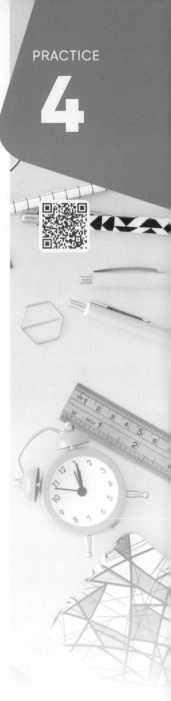

In middle school, *I always wanted to be class president. (a) <u>never, be, asked, to, I, nominated</u> though because I didn't think I was qualified. My teachers seemed to think the same way since no teacher recommended me as a leader. Then one day, a graduate visited my school to give a speech about his college life. His speech was so inspiring that I felt I could do almost anything I tried. And I realized that *I never tried my best for what I wanted to be. So when I started high school, I decided to run for class president and won.

**1** 윗글이 설명하는 가장 알맞은 속담은?

① Nothing ventured, nothing gained.

② No news is good news.

③ Keep your enemies closer than your friends.

④ Practice makes perfect.

⑤ Better safe than sorry.

서술형

**2** 윗글의 (a)에 주어진 단어들을 올바르게 배열하시오.

_____

---

**Grammar Points!**　빈도부사

빈도부사는 빈도에 따라 always, often, usually, sometimes, rarely, never 등이 있으며 이들은 문장 안에서 일반동사 앞, 조동사나 be동사의 뒤에 쓴다.
I **always** <u>wanted</u> to be class president. 나는 항상 반장이 되고 싶었다.
I **never** <u>tried</u> my best for what I wanted to be. 나는 내가 되고 싶은 것을 위해 최선을 다한 적이 없었다.

---

class president 반장　nominate 후보로 지명하다　qualified 자격이 있는　graduate 졸업생　speech 연설　college 대학　inspiring 자극하는, 고무적인　try one's best 최선을 다하다　run for ~에 출마하다

I realized something bad would happen when my alarm didn't go off in the morning. It was not that bad at first because I made it to my first class on time. However, it was just the beginning. I forgot to bring my report for my first class, history. (a) I had to write Mr. Taylor a letter of apology and promised to bring it the next day. That caused me to be late for my second class. To make matters worse, I didn't bring my jump rope which I would need for P.E. I had to borrow one from Ron and *it took more time than I expected. I was late for my next class again. Moreover, when I practiced jumping rope, I landed on my foot wrong and hurt my ankle. It seemed like nothing helped me at all.

**1** 윗글이 설명하는 가장 알맞은 속담은?

① A watched pot never boils.

② When it rains, it pours.

③ Patience is a virtue.

④ The truth always comes out.

⑤ Where there's smoke, there's fire.

서술형

**2** 윗글의 밑줄 친 (a)를 3형식으로 바꿔 쓰시오.

_____

---

**Grammar Points!**　　비교급 + than S expected: ~가 예상했던 것보다 더 …

『비교급 + than』 뒤에 비교의 대상인 명사(구)가 오지 않고 『주어 + 동사』가 오기도 한다.
It took **more** time **than I expected**. 그것은 내가 예상했던 것보다 시간이 더 걸렸다.

---

alarm 알람　go off 울리다　make it to ~에 도착하다　on time 제시간에　apology 사과, 용서를 빎　promise 약속하다　to make matters worse 설상가상으로　jump rope 줄넘기　P.E. 체육(= Physical Education)　expect 예상하다　moreover 게다가　practice 연습하다　land 착지하다 ankle 발목　at all 전혀　patience 인내(심)　virtue 미덕

# Word Check ✕ ✕ ✕

**[1-3] 다음 문장에 알맞은 단어를 고르시오.**

1   I will take my (item / share) of responsibility.

2   She (refused / compared) to take my advice.

3   Ms. Page received a letter of (souvenir / apology) from her student.

**[4-6] 다음 빈칸에 들어갈 말을 〈보기〉에서 고르시오. (필요하면 형태를 바꾸시오.)**

| 〈보기〉 due, cost, expect, spend, promise |

4   I didn't ＿＿＿＿＿＿＿ that he was coming.

5   We have ＿＿＿＿＿＿＿ to work together.

6   The paper is ＿＿＿＿＿＿＿ next Monday.

**[7-9] 다음 짝지어진 단어의 관계와 같도록 빈칸에 알맞은 단어를 쓰시오.**

7   buy : sell = spend : ＿＿＿＿＿＿＿

8   speak : speech = apologize : ＿＿＿＿＿＿＿

9   legal : illegal = usual : ＿＿＿＿＿＿＿

**[10-12] 다음 영영풀이가 뜻하는 단어를 쓰시오.**

10   a device that serves to wake someone up from sleep : ＿＿＿＿＿＿＿

11   of different kinds : ＿＿＿＿＿＿＿

12   a usually boring task that you have to do : ＿＿＿＿＿＿＿

13   **다음 문장의 밑줄 친 부분과 바꿔 쓸 수 있는 표현을 고르시오.**

| Can you <u>switch on</u> the computer, please? |

① make it to        ② set up        ③ compare

④ turn on           ⑤ run for

# Unit
## 11

---

## 문맥에 맞는 어휘, 문법성 판단

✗ 유형 소개

1. 어법에 맞는 표현을 선택하거나 문맥에 맞는 어휘를 고르는 문제이다.
2. 문장의 구조를 알아야 하며 또한 글의 흐름을 파악해야 한다.
3. 단어의 품사나 정의를 정확히 파악해야 한다.

✗ 유형 전략

글의 흐름과 개별 문장의 구조를 정확히 알아야 정답을 찾을 수 있다.

**Step 1** 글의 전체적인 내용을 먼저 파악한다.

**Step 2** 문법 문제의 경우 밑줄 친 문장의 어법이 정확한지 확인한다.

**Step 3** 어휘의 정확한 용법과 문맥을 확인한다.

**Step 4** 어법을 고쳐 문장에서 정답을 확인한다.

## Words & Phrases

accidentally 우연히

address 해결하다

advertise 광고하다, 홍보하다

appearance 외모

background 배경

bad breath 입 냄새

basically 기본적으로(base 기초 -ic 형용사 -ly 부사)

carry out 수행하다

celebrate 기념하다, 축하하다

comprised of ~로 구성된

correct 바로잡다

crowd 군중

fatal 치명적인

gradually 점진적으로

impression 인상

ingest 먹다, 섭취하다

liver 간

organization 단체, 조직

phrase 문구

pick 따다

poisonous 독성이 있는

promote 홍보하다; 증진시키다

religious 종교적인

restore 회복하다

significantly 상당히

stand for ~을 상징하다

start off as ~로 시작되다

take a bite 한 입 베어 물다

volunteer 자원봉사자

# Example

**밑줄 친 부분 중 어법상 틀린 것은?**

정답 및 해설 p.16

In South Korea, it is becoming more and more common ① <u>for men</u> to undergo plastic surgery these days. It is because most people consider a great first impression as an important "asset" ② <u>to have</u>. They believe that having a good-looking face allows them ③ <u>get a better job</u> and eventually a better life. However, although it might be true that winning others' hearts by appearance is helpful, aren't we neglecting the fact that "beauty is only skin deep"? We should ④ <u>think deeply</u> about the culture and society that consider physical beauty ⑤ <u>more important</u> than the beauty inside.

## ✕ 문제 해결하기

**Step 1** **글의 전체적인 내용 파악**
남성의 성형수술이 흔해지면서 겉모습만 중시하는 사회에 의문을 제기한다.

**Step 2** **밑줄 친 부분이 있는 문장의 어법 확인**
allow는 목적격 보어 자리에 원형동사가 아닌 to부정사가 쓰인다.
③ get a better job → to get a better job

**Step 3** **어휘의 정확한 용법과 문맥 확인**
멋진 얼굴이 더 나은 직업과 인생을 가지게 해준다고 믿고 있다는 내용이다.

**Step 4** **어법을 고쳐 문장에서 정답을 확인**
They believe that having a good-looking face allows them to get a better job and eventually a better life.

---

undergo 겪다, 경험하다  plastic surgery 성형수술  consider 여기다, 간주하다  impression 인상  asset 자산(이 되는 사람·물건)  eventually 결국
win 얻다; 이기다  appearance 외모  helpful 도움이 되는  neglect 소홀히 하다  deep 깊이가 ~인(cf. deeply 깊게)  society 사회  physical 신체
적인; 물리적인

As the world is rapidly becoming more connected, it is now easier than ever ① <u>to have</u> a multicultural experience. You have probably met an international student at your school, and talked about ② <u>how to say</u> hello, (a) <u>what kinds of food do they eat</u>, and so on. This is a great example of a multicultural experience. Basically, ③ *<u>any kind of exchange</u> of cultural background ④ <u>is considered one</u>. These experiences allow people from different cultures to ⑤ <u>feel closely</u> to each other. Multicultural experiences will only become more important in the future as the world becomes a melting pot.

**1** 윗글의 밑줄 친 부분 중 어법상 **틀린** 것은?

**2** 윗글의 밑줄 친 (a)에서 어법상 **틀린** 부분을 찾아 고쳐 쓰시오.

---

**Grammar Points!**　　some vs. any

some은 긍정문, 권유하는 의문문에 쓰이고 any는 부정문, 의문문, 조건문에 쓰인다. 단, any가 긍정문에 쓰이는 경우는 '어떤 ~라도'의 의미이다.

**Some** students think that math is hard.
어떤 학생들은 수학이 어렵다고 생각한다.

**Any** kind of exchange of cultural background is considered one.
문화적 배경의 어떤 종류의 교류라도 그 예라고 여겨진다. (모든 종류의 교류가 ~)

connected 연결된　multicultural 다문화의　experience 경험　probably 아마도　international 국제적인(inter- 둘 사이에 nation 나라 -al 형용사)
basically 기본적으로(base 기초 -ic 형용사 -ly 부사)　exchange 교류　background 배경　consider 간주하다, 여기다　melting pot 용광로

If you find (A) you / yourself in the United States on March 17, you will see a huge crowd on the streets in green t-shirts and shamrock (which is a three-leaf clover) accessories. The t-shirts are likely to have the phrases "Kiss me, I'm Irish!" or "Happy St. Patrick's Day!" (B) writing / written on them. Yes, they are indeed celebrating St. Patrick's Day! *It is a special holiday commemorating the death of a saint (C) name / named St. Patrick from Ireland. Although this holiday started off as a religious one, it has now become more of a celebration of the Irish culture in various parts of the world.

1 (A), (B), (C)의 각 네모 안에서 어법에 맞는 표현으로 가장 적절한 것은?

| | (A) | (B) | (C) |
|---|---|---|---|
| ① | you | writing | name |
| ② | you | writing | named |
| ③ | yourself | writing | name |
| ④ | yourself | written | named |
| ⑤ | you | written | name |

서술형

2 다음 질문에 대한 답을 윗글을 참조하여 쓰시오.

What kind of holiday is Saint Patrick's Day?

_____

_____

Grammar Points! 명사를 수식하는 분사

분사는 혼자 명사를 수식하는 경우 명사 앞에서 수식하고 분사구의 형태가 명사를 수식하는 경우는 명사 뒤에서 수식한다.

It is *a special holiday* **commemorating** the death of *a saint* **named** St. Patrick from Ireland.

그것은 아일랜드 출신의 세인트 패트릭이라는 성인의 죽음을 기념하는 특별한 휴일이다.

huge 거대한  crowd 군중  phrase 문구  Irish 아일랜드의; 아일랜드 사람  indeed 실제로  celebrate 기념하다, 축하하다(cf. celebration 기념)
commemorate 기념하다  saint 성인, 성자  start off as ~로 시작되다  religious 종교적인

VANK is an organization (A) comprised / comprised of volunteer "cyber diplomats" (a) _____ (B) wants / want to advertise Korea to the world *as well as correct misrepresentations of Korea. It stands for "Voluntary Agency Network of Korea." VANK started off as a cyber pen pal website in 1999, and has expanded its areas of internet-based diplomacy gradually. Today, many of the VANK volunteers carry out projects to promote the culture and history of Korea as well as address historical inaccuracies on major websites. One such effort is (C) restore / restoring the name of the East Sea from the Sea of Japan.

**1** (A), (B), (C)의 각 네모 안에서 어법에 맞는 표현으로 가장 적절한 것은?

|  | (A) | | (B) | | (C) |
|---|---|---|---|---|---|
| ① | comprised | ⋯⋯ | wants | ⋯⋯ | restore |
| ② | comprised | ⋯⋯ | wants | ⋯⋯ | restoring |
| ③ | comprised of | ⋯⋯ | wants | ⋯⋯ | restore |
| ④ | comprised of | ⋯⋯ | want | ⋯⋯ | restoring |
| ⑤ | comprised of | ⋯⋯ | want | ⋯⋯ | restore |

서술형
**2** 윗글의 빈칸 (a)에 알맞은 관계대명사를 쓰시오.

_____

**Grammar Points!**　A as well as B: B뿐만 아니라 A도

「A as well as B」가 주어로 나오는 경우 동사는 A에 맞추며, 또한 A와 B의 문법적 형태가 같도록 맞추어 써야 한다.
Nancy **as well as** I **has** to join the club. 나뿐만 아니라 Nancy도 클럽에 가입해야 한다.
You have to **do** your homework **as well as** **clean** your room.
너는 방을 깨끗이 청소해야 할 뿐만 아니라 숙제도 해야만 한다.

organization 단체, 조직　comprised of ~로 구성된　volunteer 자원봉사자　diplomat 외교관(cf. diplomacy 외교)　advertise 광고하다, 홍보하다　correct 바로잡다　misrepresentation 오류, 잘못된 정보　stand for ~을 상징하다　carry out 수행하다　promote 홍보하다; 증진시키다　address 해결하다　inaccuracy 틀림; 부정확　restore 회복하다

If you want your teeth healthy and white, here are three tips you should follow. First, change your toothbrush every two to three months. If you keep (A) to use / using your toothbrush longer than that, you might transfer bacteria to your mouth. Next, use a tongue scraper every morning to remove tongue plaque. The build-up of bacteria on the tongue might be the (B) cause / result of your bad breath. Last, brush your teeth before sleep and first thing in the morning. *Saliva that (a) <u>keep</u> plaque off teeth dries up at night, so you'd better have all plaque (C) clean / cleaned off the teeth before going to sleep. Brushing your teeth first thing in the morning can help clean up plaque and bacteria built up while you are sleeping.

**1** (A), (B), (C)의 각 네모 안에서 어법에 맞는 표현으로 가장 적절한 것은?

|  | (A) |  | (B) |  | (C) |
|---|---|---|---|---|---|
| ① | using | ...... | cause | ...... | cleaned |
| ② | to use | ...... | result | ...... | clean |
| ③ | using | ...... | cause | ...... | clean |
| ④ | to use | ...... | result | ...... | cleaned |
| ⑤ | to use | ...... | cause | ...... | clean |

서술형
**2** 윗글의 밑줄 친 (a) <u>keep</u>을 어법에 맞게 고쳐 쓰시오.

_____

| Grammar Points! | 주격 관계대명사절의 동사의 수 |
|---|---|

주격 관계대명사절의 동사는 선행사에 맞춰 쓴다. 선행사가 단수이면 단수동사, 선행사가 복수이면 복수동사를 쓴다.
**Saliva that keeps plaque off teeth dries up at night.** 플라크를 이에서 제거해주는 침이 밤에는 마른다.

healthy 건강한  tip 조언  toothbrush 칫솔  transfer 옮기다  bacteria 박테리아  tongue scraper 설태 제거기  remove 제거하다  tongue 혀
plaque (치아에 끼는) 플라크  build-up 쌓임, 축적  bad breath 입 냄새  first thing in the morning 아침에 가장 먼저  saliva 침, 타액  dry up 마르다
had better ~하는 게 좋다

Did you know that apple seeds can be poisonous, if a large amount is ingested? How about tomato leaves and potato sprouts? All of these examples are plant parts that are mildly poisonous to humans. These plants can be prepared so that they become ① <u>nontoxic</u> to us. However, they can still be dangerous to other animals who might accidentally consume them in their ② <u>wild state</u>. Plants cannot move so they have these poisonous parts as a defense mechanism. *There also ③ <u>exist</u> plants that can cause fatal reactions in humans, such as elderberries, whose roots are poisonous. Moreover, although technically not considered plants, certain mushrooms are deadly if ingested. An example of such mushrooms is a fool's mushroom, which ④ <u>benefits</u> the human liver significantly. So the next time you're on a walk in the woods, do not pick an ⑤ <u>unknown</u> fruit and take a bite — (a) <u>it</u> might make you very ill!

**1** 윗글의 밑줄 친 부분 중, 문맥상 낱말의 쓰임이 적절하지 <u>않은</u> 것은?

서술형

**2** 윗글의 밑줄 친 (a) <u>it</u>이 가리키는 것을 우리말로 쓰시오.

_____

**Grammar Points!**　　관계대명사 소유격 whose

관계대명사의 소유격은 선행사의 종류에 관계없이 whose를 쓴다.
**There also exist plants that can cause fatal reactions in humans, such as <u>elderberries</u>, whose roots are poisonous.** 또한 인간에게 치명적인 반응을 일으킬 수 있는 딱총나무 열매와 같은 식물도 존재하는데 이것의 뿌리는 독성이 있다.

**poisonous** 독성이 있는　**ingest** 먹다, 섭취하다　**sprout** 싹　**nontoxic** 무독성의　**accidentally** 우연히　**consume** 소비하다; 먹다　**defense** 방어
**mechanism** 장치　**fatal** 치명적인　**technically** 기술적으로; 엄밀히 말하면　**mushroom** 버섯　**liver** 간　**significantly** 상당히　**pick** 따다　**take a**
**bite** 한 입 베어 물다　**ill** 아픈, 병 든

# Word Check ✖ ✖ ✖

**[1-3] 다음 문장에 알맞은 단어를 고르시오.**

1  There was a big (diplomat / crowd) in front of the art center.

2  The UN is a(an) (international / religious) organization.

3  I (relatively / basically) don't like sports.

**[4-6] 다음 빈칸에 들어갈 말을 〈보기〉에서 고르시오. (필요하면 형태를 바꾸시오.)**

〈보기〉 transfer, celebrate, win, volunteer, impression

4  The first _____ is very important in a job interview.

5  David was excited to _____ the race.

6  My family went out to eat to _____ mom's birthday.

**[7-9] 다음 짝지어진 단어의 관계와 같도록 빈칸에 알맞은 단어를 쓰시오.**

7  nation : national = religion : _____

8  forest : woods = deadly : _____

9  huge : tiny = toxic : _____

**[10-12] 다음 영영풀이가 뜻하는 단어를 쓰시오.**

10  a small hard part usually inside the fruit : _____

11  a person who deals with international negotiations : _____

12  to make something known to the public usually to sell something : _____

13  **다음 문장의 밑줄 친 부분과 바꿔 쓸 수 있는 단어를 고르시오.**

His English ability is getting better <u>little by little</u>.

① basically      ② gradually      ③ closely

④ carefully      ⑤ significantly

# Unit
## 12

---

## 글의 순서
## 배열하기

### ✖ 유형 소개

1. 글의 구성의 논리성을 파악하는 문제이다.
2. 단순히 사건을 나열하는 글, 시간적 순서로 나열한 글, 원인과 결과 등이 있다.
3. 글의 유기적 흐름을 파악해야 한다.

### ✖ 유형 전략

글이 어떤 기준으로 배열되어 있는지 파악하고 그 논리에 따라 글을 배열한다.

**Step 1** 글의 내용을 파악하면서 나열인지 시간 순인지 인과관계인지 등을 파악한다.

**Step 2** 글의 연결어와 대명사에 유의하면서 순서를 추론한다.

**Step 3** 글을 다시 한번 읽으며 논리적 비약이나 어색한 부분이 없는지 확인한다.

**Step 4** 글을 연결하여 흐름이 매끄러운지 확인한다.

## Words & Phrases

**adaptation** 적용; 변형(adapt 적용시키다 -ation 명사)
**bring up** 양육하다
**by the way** 그건 그렇고
**characteristic** 특징
**compensate for** ~을 보상하다; 보완하다
**complex** 복잡한
**constant** 일정한, 꾸준한
**depending on** ~에 따라
**economic** 경제적인
**evolve** 발달시키다
**fit** 맞추다
**flavor** 향, 맛
**keep track of** ~을 기록하다

**location** 위치(locate 위치를 찾다 -ion 명사)
**medical** 의료의
**muscle** 근육
**natural disaster** 자연재해
**no longer** 더 이상 ~않는
**not only A but also B** A뿐 아니라 B도
**pair up with** ~와 잘 맞다
**predict** 예측하다
**raise** 기르다
**rise** 오르다
**speed up** 가속화시키다
**temperature** 온도
**traditional** 전통의(tradition 전통 -al 형용사)

Almost every culture across the globe has a world-renowned festival that foreigners travel to attend each year.

(A) These disguises allow everyone to forget about class or race or gender for a while and to just have a good time!

(B) Attendants of this festival wear elaborate costumes and masks to hide their identities from one another. The masks range from crudely made or simple masks to delicately painted porcelain masks.

(C) One of the most beautiful festivals is the "Festival of Venice." This festival is centuries old and takes place in Venice, Italy.

① (A) − (B) − (C)
② (A) − (C) − (B)
③ (B) − (A) − (C)
④ (C) − (A) − (B)
⑤ (C) − (B) − (A)

## ✕ 문제 해결하기

**Step 1**  **글의 내용과 구조 파악**
전 세계의 문화적 공통점(축제)을 이야기하고 그중 한 가지 예를 들어 자세히 설명한다.

**Step 2**  **글의 연결어와 대명사에 유의**
(B) this festival: (C) Festival of Venice, (A) These disguises: (B) 다양한 가면을 쓰는 위장

**Step 3**  **논리적 비약과 어색한 부분 유무 확인**
전 세계 문화의 공통점(축제) → 베니스 축제 소개 → 베니스 축제의 설명

**Step 4**  **정답 확인**
글을 차례로 연결하여 흐름이 매끄러운지 확인한다.

---

**across the globe** 세계적으로   **renowned** 유명한   **festival** 축제   **attend** 참여하다   **disguise** 위장, 변장   **class** 계급   **race** 인종   **gender** 성별   **attendant** 참가자   **elaborate** 화려한   **costume** 의상; 분장   **hide** 숨기다; 숨다   **identity** 신원; 정체(성)   **range from A to B** 범위가 A에서 B까지이다   **crudely** 조잡하게   **delicately** 섬세하게   **porcelain** 도자기   **take place** 개최하다; 발생하다

*Spices make such a great addition to the aroma and flavor of your dish.

(A) For example, rosemary pairs up very nicely with potatoes, and oregano goes well with tomato sauce for pasta. Apple pies aren't complete without a sprinkle of cinnamon, and good steak becomes even better with freshly ground black pepper.

(B) Spices can be dried seeds, bark, roots, or fruits. Different spices pair up with a certain kind of food better than another.

(C) Adding spices to your dish not only helps you enjoy your food more, but also allows you to use less salt, (a) <u>which</u> is great for people with high blood pressure.

**1** 주어진 글 다음에 이어질 글의 순서로 가장 알맞은 것은?

① (A) – (B) – (C)　　　　　② (A) – (C) – (B)

③ (B) – (A) – (C)　　　　　④ (C) – (A) – (B)

⑤ (C) – (B) – (A)

서술형

**2** 윗글의 밑줄 친 (a) which가 가리키는 말을 본문에서 찾아 우리말로 쓰시오.

_____

---

**Grammar Points!**　　such + a/an + 형용사 + 명사: 대단히 ~한 …

such, quite, what 등의 부사는 『such + a/an + 형용사 + 명사』의 순서로 문장에서 쓰인다.
Spices make **such a great addition** to the aroma and flavor of your dish.
양념은 음식의 향과 맛에 대단히 좋은 첨가물이 된다.
*cf.* 『so/too/how + 형용사 + a/an + 명사』
Andy is **so quick a learner.** Andy는 꽤 빨리 배우는 사람이다.

---

spice 양념, 향신료　addition 추가: 첨가물(add 추가하다 -ion 명사)　aroma 향　flavor 향, 맛　dish 음식　complete 완전한　sprinkle 뿌리다; 뿌리기
cinnamon 계피　freshly 갓 ~한　ground (가루가 되게) 간　black pepper 후추　bark 껍질　pair up with ~와 잘 맞다　not only A but also B
A뿐 아니라 B도　high blood pressure 고혈압

We humans are what scientists call "warm-blooded animals," which means that *we keep our body temperature constant at all times, at around 36.5 degrees Celsius.

(A) We use most of our energy to keep a consistent temperature, as we become weak and prone to illnesses when our temperatures rise or drop significantly.

(B) In addition, because their bodies adapt to the environment's heat level, their metabolisms can speed up or down according to their location.

(C) However, other animals such as frogs and scorpions change their body temperatures depending on where they are, allowing them to use their energy for other things like building muscles.

1 주어진 글 다음에 이어질 글의 순서로 가장 알맞은 것은?

① (A) - (B) - (C)          ② (A) - (C) - (B)
③ (B) - (A) - (C)          ④ (C) - (A) - (B)
⑤ (C) - (B) - (A)

서술형

2 다음 질문에 대한 답을 윗글을 참조하여 쓰시오.

What are the examples of "cold-blooded animals"?

_____

**Grammar Points!** 목적격 보어로 형용사를 쓰는 동사 keep

keep은 5형식 문장에 쓰여 목적격 보어 자리에 형용사나 분사를 쓴다.
We **keep** our body temperature *constant* at all times. 우리는 우리 체온을 항상 일정한 상태로 유지한다.
They always **keep** their lockers *open*. 그들은 항상 자신들의 사물함을 열어둔다.
She never forgets to **keep** her car *locked*. 그녀는 자신의 차를 잠그는 것을 절대 잊지 않는다.

warm-blooded 온혈의  temperature 온도  constant 일정한, 꾸준한  degree 도  Celsius 섭씨  consistent 일관된  prone 하기 쉬운  drop 떨어지다  significantly 상당히  adapt to ~에 적응하다  metabolism 신진대사  speed up 가속화시키다  location 위치(locate 위치를 찾다 -ion 명사)  depending on ~에 따라  muscle 근육

Even just a generation ago, it was common (a) _____ families to have more than 3-4 children.

(A) Many parents say that it is because they do not have the time to take off from work and raise children. In addition, the cost of bringing up a child is very high, including an expensive price tag for education.

(B) However, as stay-home moms are dwindling in number and working parents becoming the norm, the number of babies being born every year is decreasing rapidly.

(C) *To compensate for this, many local governments provide economic help to parents who have more than one child, including medical and housing subsidies.

**1** 주어진 글 다음에 이어질 글의 순서로 가장 알맞은 것은?

① (A) − (B) − (C)　　　　② (A) − (C) − (B)
③ (B) − (A) − (C)　　　　④ (C) − (A) − (B)
⑤ (C) − (B) − (A)

서술형
**2** 윗글의 빈칸 (a)에 들어갈 알맞은 전치사를 쓰시오.

_____

---

**Grammar Points!**　　**to부정사의 부사적 용법 중 목적(~하기 위하여)**

to부정사의 부사적 용법 중 목적은 '~하기 위하여, ~하려고'로 해석되며 'in order to' 또는 'so as to'로 바꿔 쓸 수 있다.

**To compensate** for this, many local governments provide economic help to parents who have more than one child.

= **In order to** compensate for this, many local governments provide economic help to parents who have more than one child.

이를 보완하기 위해 많은 지방 정부들은 한 명 이상의 자녀를 가진 부모들에게 경제적 도움을 제공한다.

---

even 심지어　generation 세대　take off from ~에서 쉬다　bring up 양육하다　price tag 가격표　education 교육　stay-home 집에 머무는
dwindle 줄다(= decrease)　norm 일반적인 것　rapidly 급격히　compensate for ~을 보상하다; 보완하다　local government 지방 정부　provide
제공하다　economic 경제적인　medical 의료의　subsidy 보조금

Fusion food is a type of food that combines flavors from different cultures.

(A) Another famous fusion food type is Texmex, which is Mexican cuisine evolved in the Texas region in the United States.

(B) Due to the high number of Mexican immigrants in the region, \*the traditional food that they used to eat in their homeland became modified to fit the ingredients and cooking environment to which they had access.

(C) For example, a famous type of fusion food is *jjajangmyun*, which (a) <u>be</u> a Korean adaptation of a type of cold noodle dish in China.

**1** 주어진 글 다음에 이어질 글의 순서로 가장 알맞은 것은?

① (A) − (B) − (C)       ② (A) − (C) − (B)

③ (B) − (A) − (C)       ④ (C) − (A) − (B)

⑤ (C) − (B) − (A)

서술형

**2** 윗글의 밑줄 친 (a) be를 어법에 맞게 쓰시오.

_____

| Grammar Points! | **used to + 동사원형: ～하곤 했다** |

used to는 동작이나 상태를 나타내는 동사와 함께 쓰여 과거에 '～하곤 했다' 혹은 '～였다'라는 의미를 나타낸다. 동작 동사와 쓰인 경우는 would로 바꿔 쓸 수 있다.

The traditional food that they **used to(=would)** eat in their homeland became modified to fit the ingredients and cooking environment.

그들이 고향에서 먹던 전통 음식이 재료와 요리 환경에 맞추기 위해 변형되었다.

**fusion food** 퓨전 음식  **combine** 결합하다  **cuisine** 요리  **evolve** 발달시키다  **due to** ～ 때문에  **immigrant** 이민자  **traditional** 전통의(tradition 전통 -al 형용사)  **homeland** 고향(home 집 land 땅)  **modify** 변형시키다  **fit** 맞추다  **ingredient** 재료  **adaptation** 적용; 변형(adapt 적용시키다 -ation 명사)

The Mayan Calendar was a very complex calendar system used for keeping track of time as long ago as the 5th Century BC.

(A) By the way, since the Mayan civilization no longer exists, the calendar was not kept up to date, which caused many conspiracy theorists to believe that natural disasters would destroy the Earth in 2012. This produced many movie ideas, but ultimately, (a) 세상은 평소대로 돌아갔다.

(B) The calendar had a system for keeping track of years, much like we do, but it also kept track of longer periods of time called "the universal cycle."

(C) Another unique characteristic is that the Mayan Calendar was based on the planet Venus instead of the sun or the moon. In fact, *it was so complex that it could predict the positions of the Moon and the planet Venus in our night sky.

**1** 주어진 글 다음에 이어질 글의 순서로 가장 알맞은 것은?

① (A) – (B) – (C)       ② (A) – (C) – (B)

③ (B) – (C) – (A)       ④ (C) – (A) – (B)

⑤ (C) – (B) – (A)

서술형

**2** 윗글의 (a)와 의미가 같도록 주어진 단어를 올바르게 배열하시오.

(as, went, the world, usual, on)

_____

**Grammar Points!**    so + 형용사/부사 + that S + can V

'아주 ~해서 …할 수 있다'의 의미로 "enough to"로 바꿀 수 있다.

It was **so** complex **that** it **could** predict the positions of the Moon and the planet Venus.

→ It was complex **enough to** predict the positions of the Moon and the planet Venus.

이 달력은 아주 복잡해서 달과 금성의 위치를 예측할 수 있었다.

complex 복잡한   keep track of ~을 기록하다   by the way 그건 그렇고   civilization 문명   no longer 더 이상 ~않는   keep A up to date A의 최신 정보를 가지고 있다   conspiracy 음모(conspire 음모를 꾸미다 -cy 명사)   theorist 이론가(theory 이론 -ist 사람)   natural disaster 자연재해   ultimately 결국   universal 우주의   unique 독특한   be based on ~에 기초하다   predict 예측하다   position 위치   planet 행성

# Word Check ✖ ✖ ✖

**[1-3] 다음 문장에 알맞은 단어를 고르시오.**

1  Chameleons change colors to control body (position / temperature).

2  The younger (generation / immigrant) wants to be different from the older one.

3  Kimchi is one of the (consistent / traditional) foods of Korea.

**[4-6] 다음 빈칸에 들어갈 말을 〈보기〉에서 고르시오. (필요하면 형태를 바꾸시오.)**

〈보기〉 complete, unique, number, modify, sprinkle

4  Andy's project was a _____ failure.

5  They _____ their tax policy a little further.

6  My trip to Hawaii was a _____ experience.

**[7-9] 다음 짝지어진 단어의 관계와 같도록 빈칸에 알맞은 단어를 쓰시오.**

7  dish : food = dwindle : _____

8  rapidly : slowly = rise : _____

9  universe : universal = tradition : _____

**[10-12] 다음 영영풀이가 뜻하는 단어를 쓰시오.**

10  things that you put in food to give it flavor : _____

11  things that you use to cook something : _____

12  to gradually change into a different form : _____

13  **다음 문장의 밑줄 친 부분과 바꿔 쓸 수 있는 표현을 고르시오.**

His failure is mainly <u>due to</u> his laziness.

① despite          ② because of          ③ according to

④ used to          ⑤ instead of

# Unit
## 13

---

# 심경 및 분위기 파악

## ✕ 유형 소개

1. 글의 등장인물의 기분이나 마음을 파악한다.
2. 글의 특징적인 인상이나 글에 전체적으로 흐르는 정서를 파악한다.
3. 세부적인 내용보다는 글의 전체적인 흐름을 종합적으로 이해하는 유형이다.

## ✕ 유형 전략

글이 쓰여진 배경과 등장인물을 염두에 두고 글을 읽는다.

**Step 1** 글에 제시된 사건의 배경을 통해 등장인물이 처한 상황을 그려본다.

**Step 2** 등장인물의 기분이나 심리상태를 나타내는 어휘나 문장에 유의한다.

**Step 3** 글의 반전이 있는지 연결어에 주의하며 읽는다.

**Step 4** 선택한 정답이 글의 분위기나 주인공의 심경을 나타내는 표현인지 확인한다.

## Words & Phrases

all of a sudden 갑자기

as far as ~만큼 멀리

babysit 돌보다(baby 아기 sit 곁에 앉다)

bark 짖다

cheat 부정행위를 하다

disappointed 실망한

endless 끝없는(end 끝 -less ~없는)

exactly 정확히(exact 정확한 -ly 부사)

fall asleep 잠이 들다

feel like ~ing ~하고 싶다

get hurt 다치다

incredible 놀라운(in- 반대 credible 믿을 수 있는)

in the distance 멀리

investigate 조사하다

mention 언급하다

midnight 자정(mid 중간 night 밤)

on one's way back home 집으로 돌아가는 길에

path 오솔길

prepare for ~을 대비하다

run out into ~로 달려들다

scratch 긁다

spend 시간 ~ing ~하는 데 시간을 쓰다

stay up 자지 않고 깨어 있다

stretch 뻗다

suddenly 갑자기(sudden 갑작스러운 -ly 부사)

upset 화난

wave 물결

# Example

**다음 글에 드러난 분위기로 가장 적절한 것은?**

정답 및 해설 p.19

There is a big house at the corner of the street. Nobody knows who lives there. But I know it is not abandoned because I sometimes hear music coming from there. People say the house is haunted by the ghost of a man who was murdered for his riches. No one dares to go inside and find out if the stories are true. Sometimes I imagine myself ringing the bell but soon I give up because I am so frightened. I guess the mystery of the house will remain unsolved for the time being.

① fun and exciting
② curious and scary
③ interesting and happy
④ sad and gloomy
⑤ depressing and boring

---

## ✖ 문제 해결하기

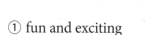

> **Step 1** **글에 제시된 사건의 배경으로 등장인물의 상황 묘사**
> 동네에 큰 집을 둘러싸고 무성한 소문이 있는데 주인공은 호기심을 나타낸다.

> **Step 2** **등장인물의 기분 및 심리상태를 나타내는 어휘에 유의**
> imagine, give up, frightened, mystery 등으로 볼 때 무섭지만 호기심을 가지고 있다.

> **Step 3** **글의 반전을 나타내는 연결어에 주의**
> 글 후반부에 but을 쓰는 문장에서 호기심은 있지만 무서워서 행동을 취하지 못함을 나타낸다.

> **Step 4** **정답 확인**
> 궁금하고(curious) 무서운(scary) 글의 대상과 분위기를 나타낸다.

---

abandon 버리다   haunted 귀신[유령]이 나오는   ghost 영혼   murder 죽이다   riches 재산   dare to 감히 ~하다   give up 포기하다   frightened 무서워하는   guess 추측하다, 생각하다   unsolved 풀리지 않은   for the time being 당분간

It was my parents' wedding anniversary and I agreed to babysit my little sister while they went to a movie downtown. I spent all evening taking care of her and finally she fell asleep almost at midnight. *I decided to watch TV for a little while before going to bed. Suddenly, our dog, Terry, started barking loudly and ran to the door. (a) It seemed as if she sensed strange something outside. When I went to the door to investigate what it was, I heard a scratching sound. It sounded like somebody trying to get in.

**1** 윗글에 드러난 "I"의 심경으로 가장 적절한 것은?

① interested ② excited
③ frightened ④ annoyed
⑤ amazed

서술형
**2** 윗글의 밑줄 친 문장 (a)에서 어법상 틀린 부분을 찾아 바르게 고쳐 쓰시오.

---

**Grammar Points!** before(~ 전에) / after(~ 후에)

before와 after는 전치사로 쓰여 뒤에 명사가 오기도 하고 접속사로 쓰여서 뒤에 『주어 + 동사』가 오기도 한다.
I decided to watch TV for a little while **before** going to bed. (전치사)
= I decided to watch TV for a little while **before** I went to bed. (접속사)
나는 잠자리에 들기 전에 잠시 TV를 보기로 결심했다.

wedding anniversary 결혼기념일 babysit 돌보다(baby 아기 sit 곁에 앉다) downtown 시내 spend 시간 ~ing ~하는 데 시간을 쓰다 fall asleep 잠이 들다 midnight 자정(mid 중간 night 밤) for a little while 잠시 동안 suddenly 갑자기(sudden 갑작스러운 -ly 부사) bark 짖다 investigate 조사하다 scratch 긁다 get in 들어오다

One day, my homeroom teacher called me and my friend to the teachers' lounge. He seemed upset and we didn't know why. He said that he was very disappointed with us and showed us our math exam. Surprisingly, the two tests were exactly the same and I couldn't believe my eyes. I stayed up almost all night preparing for the exam and I had no reason to cheat. Of course my friend Josie had no reason either because she was the best at math in our class. *I tried to explain that I didn't cheat but he wouldn't listen to me.

**1** 윗글에 드러난 "I"의 심경으로 가장 적절한 것은?

① bored        ② ashamed

③ proud        ④ angry

⑤ sorry

서술형

**2** 다음 질문에 대한 대답을 윗글을 참조하여 완성하시오.

Why was the teacher angry?

→ Because he thought that the students _____ on the math exam.

---

**Grammar Points!**    try + to부정사 / try + ~ing

try to부정사: ~하려고 애쓰다, 노력하다 / try ~ing: 시험 삼아 한번 ~해보다

**I tried to explain** that I didn't cheat but he wouldn't listen to me.
나는 내가 부정행위를 하지 않았다고 설명하려 했지만 그는 내 말을 들으려고 하지 않으셨다.

**Try turning** it off and then on again. 그것을 껐다 다시 켰다가 해봐.

homeroom teacher 담임선생님   teachers' lounge 교무실   upset 화난   disappointed 실망한   surprisingly 놀랍게도   exactly 정확히(exact 정확한 -ly 부사)   stay up 자지 않고 깨어 있다   prepare for ~을 대비하다   cheat 부정행위를 하다   explain 설명하다

When I got off the bus, the air was different. It was fresh and clean and everything looked so wonderful. The tall green trees were standing along the path and birds were singing as if they were inviting us. As I walked in a little further, the park looked just like the Amazon Rainforest. The endless wave of green grass stretched out in the distance as far as the eye could see. *It was one of the most beautiful sights I had ever seen. (a) <u>There were so many incredible trees and flowers that I couldn't wait to take pictures of the exotic scenes.</u>

**1** 윗글에 드러난 "I"의 심경으로 가장 적절한 것은?

① afraid                    ② worried

③ disgusted                 ④ nervous

⑤ peaceful

서술형

**2** 윗글의 밑줄 친 문장 (a)를 "too ~ to ..." 구문을 사용하여 바꿔 쓸 때 빈칸에 알맞은 말을 쓰시오.

There were so many incredible trees and flowers that I couldn't wait to take pictures of the exotic scenes.

→ There were too many incredible trees and flowers _____ to wait to take pictures of the exotic scenes.

**Grammar Points!**   one of the + 최상급 + 복수명사

'가장 ~한 것들 중 하나'의 의미로 뒤에 복수명사를 쓰는 데 주의한다.
It was **one of the most beautiful sights** I had ever seen.
그건 내가 여태까지 본 가장 아름다운 광경 중 하나였다.

get off 내리다   fresh 신선한   wonderful 멋진   path 오솔길   invite 초대하다   a little further 조금 더   endless 끝없는(end 끝 -less ~없는)   wave 물결   stretch 뻗다   in the distance 멀리   as far as ~만큼 멀리   sight 광경   incredible 놀라운(in- 반대 credible 믿을 수 있는)   exotic 이국적인   scene 장면

Yesterday was my birthday and no one seemed to remember. In the morning, my parents didn't say anything about it. They cared for me as usual, but that was it. Even at school, my close friends never mentioned my birthday. Some of them didn't even say hi to me. When school was over, I started to feel pretty disappointed. (a) I felt like crying on my way back home. But when I opened the door of my house, the lights turned on and everybody screamed, "Happy Birthday!" *I was so thankful and happy to be with them on my birthday.

**1** 윗글에 드러난 필자의 심경의 변화로 가장 적절한 것은?

① frightened → stressed      ② bored → fun
③ lonely → jealous           ④ tired → sad
⑤ depressed → joyful

서술형
**2** 윗글의 밑줄 친 문장 (a)를 우리말로 옮기시오.

_____

> **Grammar Points!**  to부정사의 부사적 용법 중 감정의 원인
>
> to부정사는 감정을 나타내는 형용사 뒤에 쓰여 그 감정의 원인을 나타낸다.
> **I was so thankful and happy to be with them on my birthday.**
> 나는 내 생일에 그들과 함께 있어서 너무 감사하고 행복했다. (감사하고 행복한 이유가 그들과 함께 있었기 때문)

remember 기억하다   as usual 평소처럼   even 심지어   mention 언급하다   over 끝난   depressed 우울한   feel like ~ing ~하고 싶다   on one's way back home 집으로 돌아가는 길에   light 불, 조명   scream 소리지르다   thankful 감사하는 (thank 감사 -ful 가득한)

David, you almost got yourself hit by a car. Don't you remember what I said? You shouldn't run out into the street all of a sudden like that. Even though the light is green, you should look at both sides to see (a) if any cars are coming. Those cars are not watching out for people, especially kids. Moreover, they don't see pedestrians very well at night. So you should take greater care of yourself when crossing the street at night. You don't understand how fast a car can approach you. You might think that drivers should be careful. However, drivers also think that pedestrians should be careful. *So the best thing is that you should be careful wherever you are. Do you understand? I can't imagine you getting hurt or anything. So promise me that you will never do that again.

**1** 윗글에 드러난 분위기로 가장 적절한 것은?

① joyful　　　　　　② gloomy

③ worried　　　　　④ sad

⑤ interesting

서술형

**2** 윗글의 밑줄 친 (a) if 대신 쓸 수 있는 단어를 쓰시오.

_____

**Grammar Points!**　　**형용사의 최상급**

형용사의 최상급은 -est를 붙이거나 앞에 most를 붙이며 최상급 앞에는 정관사 the를 쓴다.
불규칙 변화를 가지는 형용사는 good(– better – best), bad(– worse – worst) 등이 있다.
**So the best thing is that you should be careful wherever you are.**
그러니 가장 좋은 것은 네가 어디 있든지 조심해야 한다는 거야.

almost ~할 뻔하다　run out into ~로 달려들다　all of a sudden 갑자기　pedestrian 보행자　cross 건너다　understand 이해하다　approach 다가오다　imagine 상상하다　get hurt 다치다

# Word Check ✕ ✕ ✕

정답 및 해설 p.20

[1-3] **다음 문장에 알맞은 단어를 고르시오.**

1 Can you (explain / babysit) my children this weekend?

2 I was very (disappointed / exotic) with the quality of your service.

3 I'm not sure (as if / if) he will keep his word or not.

[4-6] **다음 빈칸에 들어갈 말을 〈보기〉에서 고르시오. (필요하면 형태를 바꾸시오.)**

> 〈보기〉 investigate, depressed, endless, imagine, upset

4 Jane was _____ when her sister ignored her.

5 The police spent 24 hours _____ the suspect.

6 I feel _____ when it rains.

[7-9] **다음 짝지어진 단어의 관계와 같도록 빈칸에 알맞은 단어를 쓰시오.**

7 12 p.m. : noon = 12 a.m. : _____

8 remember : forget = get on : _____

9 human : scream = dog : _____

[10-12] **다음 영영풀이가 뜻하는 단어를 쓰시오.**

10 unusual and interesting, originating in a faraway country : _____

11 amazingly and extremely good : _____

12 a person who is walking rather than traveling in a car : _____

13 **다음 문장의 밑줄 친 부분과 바꿔 쓸 수 있는 표현을 고르시오.**

> I <u>would like to go</u> hiking in this weather.

① prepare for going    ② feel like going    ③ stay up going

④ am used to going    ⑤ is busy going

# Unit
## 14

## 연결사 넣기

### ✕ 유형 소개

1. 글의 두 내용 사이의 논리적 관계를 이어주는 말을 파악하는 유형이다.
2. 글에 제시된 빈칸에 들어갈 연결사를 찾으려면 앞뒤 문장의 흐름을 이해해야 한다.
3. 글의 논리적 구성을 파악한다는 의미에서 전체적인 내용의 전개를 파악해야 한다.

### ✕ 유형 전략

글의 두 내용 사이의 관계(예시, 열거, 비교, 대조, 원인, 결과, 요약 등)를 파악한다.

**Step 1** 글 전체의 내용이 무엇인지 생각하며 논리적 구조를 파악한다.

**Step 2** 빈칸 전후의 관계를 살펴 어떤 관계의 연결사가 필요한지 결정한다.

**Step 3** 선택한 연결사를 넣어 글의 흐름이 논리적으로 연결되는지 확인한다.

**Step 4** 연결사를 빈칸에 넣고 글이 매끄러운지 다시 한번 읽어본다.

## Words & Phrases

alien 외계인
attention 주의(attend 주의를 기울이다 -ion 명사)
bond 유대감
dig up 발굴하다
earthquake 지진(earth 지구 quake 흔들리다)
enormous 엄청난, 거대한
fake 가짜의
feature 특성
frozen 얼어 있는
graduation 졸업
helpless 무기력한(help 도움 -less 없는)
help oneself 마음대로 쓰다[먹다]
immediate 즉각적인
landslide 산사태

layer 층
local 현지의
mysterious 신비한
plus 게다가
population 인구
recently 최근에
recreate 다시 만들다
scenery 경치(scene 장면 -ery 전체)
shallow 얕은
skeptical 회의적인
specialist 전문가
survivor 생존자(survive 생존하다 -or 사람)
volcanic eruption 화산분출

# Example

**다음 글의 빈칸 (A), (B)에 들어갈 말로 가장 적절한 것은?**

정답 및 해설 p.20

There are thousands of mysteries that have perplexed the world for millennia. Many of them are still unexplained.     (A)    , in the Pacific Ocean, there is an island called "Easter Island" that has dozens of statues of giant faces made of stone. The statues extend deep underground, and no one knows by whom, when, or how the statues were erected.     (B)    , there is a similar mysterious stone structure in England called "Stonehenge." Stonehenge is an arrangement of granite blocks as big as cars. Some suspect that Stonehenge is an ancient calendar that predicted the timing of the solstice, but no one knows for sure.

|  | (A) |  | (B) |
|---|---|---|---|
| ① | For example | …… | Therefore |
| ② | For example | …… | Also |
| ③ | However | …… | Therefore |
| ④ | However | …… | Also |
| ⑤ | Moreover | …… | For example |

## ✕ 문제 해결하기

**Step 1** 글 전체의 내용과 논리적 구조 파악
세계의 미스터리에 관해 얘기를 하며 그에 대한 예를 제시한다.

**Step 2** 빈칸 전후의 관계로 연결사 추론
(A) 앞에는 세계의 미스터리에 관한 서론이 나오고 뒤에는 그에 대한 예시가 나오며 (B) 뒤에는 또 하나의 예시가 나온다.

**Step 3** 선택한 연결사로 글의 논리성 확인
예시를 나타내는 For example과 또 하나의 예시를 추가하는 Also가 글의 논리를 매끄럽게 연결해준다.

**Step 4** 연결사를 빈칸에 넣어 정답 확인
빈칸에 연결사를 넣어 흐름이 매끄러운지 정답을 확인한다.

perplex 당혹스럽게 하다   millennia 수천 년(millenium의 복수형)   unexplained 설명되지 않은   the Pacific Ocean 태평양   dozens of 수십의   statue 조각상   underground 지하의   erect 세우다   mysterious 신비한   structure 구조물   arrangement 배열   granite 화강암   suspect 추측하다   predict 예측하다   solstice (하지, 동지의) 지점   for sure 확실히

Natural disasters are nature-related catastrophes, which include floods, typhoons, earthquakes, and volcanic eruptions. They can cause enormous damage to the environment and the population. *This is why there exist organizations such as International Red Cross that are designed to provide aid to countries in the case of a natural disaster. _____(A)_____, many countries and organizations volunteer to help out the disaster-stricken country in various ways. _____(B)_____, there was a huge landslide in Afghanistan in 2014, where immediate world-wide help was delivered. (a) <u>A number of</u> aid groups sent food, water and medical supplies for survivors.

**1** 윗글의 빈칸 (A), (B)에 들어갈 말로 가장 적절한 것은?

|  | (A) |  | (B) |
|---|---|---|---|
| ① | Moreover | ····· | Therefore |
| ② | Moreover | ····· | For instance |
| ③ | However | ····· | Therefore |
| ④ | However | ····· | For instance |
| ⑤ | Therefore | ····· | Moreover |

서술형

**2** 윗글의 밑줄 친 (a) **A number of**와 같은 의미의 단어를 찾아 쓰시오.

_____

**Grammar Points!** there + 동사 + 주어

there는 문장 앞에 나와 주어와 동사를 도치시키며 동사는 뒤에 나오는 주어의 수에 일치시켜야 한다.
This is why **there exist organizations** such as International Red Cross.
　　　　　　　　　　동사　　　주어
이 때문에 국제 적십자사와 같은 기구들이 존재하는 것이다.

natural disaster 자연재해　catastrophe 재해　earthquake 지진(earth 지구 quake 흔들리다)　volcanic eruption 화산분출　enormous 엄청난, 거대한　population 인구　volunteer 자원해서 ~하다　stricken ~의 피해를 입은　landslide 산사태　immediate 즉각적인　deliver 배달하다　aid 도움, 지원　supply 공급(품)　survivor 생존자(survive 생존하다 -or 사람)

Recently a set of three-fingered "mummies" were discovered in Peru. The mummies were dug up during an excavation of mysterious caves. Professor Korotkov from Russia said that they might not be humans, but aliens. He explained that the mummies appear human but they are not. Another bone specialist, Dr. Vivanco, agreed that the remains are not human beings. Some other scientists are skeptical. They think that the strange three-fingered and three-toed corpses are fake. (A) _____, Dr. Vivanco claimed that they are real, not fake. He said, "It would be very difficult to recreate a skull with these features." *He insisted that if they were fake, he would be the first to report it. (B) _____, scientists are divided on (a) <u>그 미라가 진짜인지 혹은 가짜인지</u>.

**1** 윗글의 빈칸 (A), (B)에 들어갈 말로 가장 적절한 것은?

| | (A) | | (B) |
|---|---|---|---|
| ① | Moreover | ⋯⋯ | For example |
| ② | Therefore | ⋯⋯ | As a result |
| ③ | However | ⋯⋯ | Still |
| ④ | However | ⋯⋯ | As a result |
| ⑤ | Therefore | ⋯⋯ | Still |

서술형

**2** 윗글의 (a)와 의미가 같도록 주어진 단어를 올바르게 배열하시오.

(are, real, whether, or, the mummies, fake)

_____

| **Grammar Points!** | 가정법 과거 |
|---|---|

『If + 주어 + 동사의 과거형 ~ , 주어 + would/could/might + 동사원형 ~』 (현재 사실의 반대)
He insisted that **if** they **were** fake, he **would be** the first to report it.
그는 만약 그것들이 가짜라면 자신이 그것을 가장 먼저 보고할 것이라고 주장했다.

recently 최근에  mummy 미라  discover 발견하다  dig up 발굴하다  excavation 발굴  mysterious 신비한  alien 외계인  appear ~처럼 보이다  specialist 전문가  remains 유골  skeptical 회의적인  corpse 시체  fake 가짜의  claim 주장하다  recreate 다시 만들다  skull 두개골  feature 특성  insist 주장하다  report 보고하다; 보도하다  divide 나누다

What is the most memorable trip for you? A family vacation trip to the beach, or a school graduation trip to Jeju Island? These trips leave us with many unforgettable memories. _____(A)_____, they create a stronger bond among the people (a) _____ whom you were on the trip. The best part of these trips is often not the exciting scenery of an exotic place or the delicious dishes at local restaurants. _____(B)_____, *it is the fact that you get to spend quality time with your loved ones and share beautiful memories. Pictures are often a great way to capture these cherished moments.

**1** 윗글의 빈칸 (A), (B)에 들어갈 말로 가장 적절한 것은?

| (A) | | (B) |
|---|---|---|
| ① First | …… | Instead |
| ② However | …… | As a result |
| ③ However | …… | Instead |
| ④ Plus | …… | As a result |
| ⑤ Plus | …… | Instead |

서술형
**2** 윗글의 빈칸 (a)에 들어갈 알맞은 전치사를 쓰시오.

_____

**Grammar Points!** 동격의 접속사 that

that은 the fact, the news, the rumor, the idea 등의 명사들과 쓰여 동격의 명사절을 이끈다.
It is the fact **that** you get to spend quality time with your loved ones and share beautiful memories.
(the fact = you get to spend quality time with your loved ones and share beautiful memories)
당신이 사랑하는 사람들과 좋은 시간을 보내고 아름다운 추억을 나누게 된다는 사실이다.

memorable 기억에 남는  graduation 졸업  unforgettable 잊지 못할(un- 반대 forget 잊다 -able 할 수 있는)  bond 유대감  scenery 경치(scene 장면 -ery 전체)  delicious 맛있는  local 현지의  quality time 좋은 시간  share 나누다  capture 포착하다  cherished 소중한  plus 게다가  instead 대신에

The last ice age occurred between approximately 110,000 and 12,000 years ago. In North America, all of Canada and the northern part of the United States were covered with glaciers, big chunks of ice that move very slowly. (a) *Northern Europe was also covered with glaciers, with the glaciers extending as far as the northern shore of Britain. _____(A)_____, the Arctic Ocean, which lies between these two glaciers, was not fully frozen. _____(B)_____, it usually had only a shallow layer of ice and even melted completely at some points.

**1** 윗글의 빈칸 (A), (B)에 들어갈 말로 가장 적절한 것은?

|  | (A) |  | (B) |
|---|---|---|---|
| ① | Moreover | …… | Likewise |
| ② | Moreover | …… | Instead |
| ③ | However | …… | Likewise |
| ④ | However | …… | Instead |
| ⑤ | Nevertheless | …… | Nevertheless |

서술형

**2** 윗글의 밑줄 친 (a)를 능동태로 바꿔 쓰시오.

_____

---

**Grammar Points!** **with 분사구문**

『with + 목적어 + 목적격 보어(현재분사/과거분사)』의 구문에서 목적어와 목적격 보어 관계가 능동이면 목적격 보어에 현재분사를 수동이면 과거분사를 쓴다.

Northern Europe was also covered with glaciers, **with** the glaciers extending as far as the northern shore of Britain. 북유럽 또한 빙하로 덮여 있었으며 그 빙하는 멀게는 영국의 북부 해안까지 뻗어 있었다. (빙하가 뻗어 있으므로 능동)
**with** his eyes closed 그의 눈을 감은 채로 (눈은 감겨지게 되므로 수동)

---

ice age 빙하기   approximately 약, 대략   northern 북부의   be covered with ~로 덮여 있다   glacier 빙하   chunk 덩어리   extend 연장되다
shore 해안   lie 놓여 있다   fully 완전히(= completely 완전히)   frozen 얼어 있는   shallow 얕은   layer 층   melt 녹다

*Do you feel overwhelmed frequently throughout the day? Do you lose your appetite on a regular basis? *Do you feel helpless, or often avoid engaging with others? If you were nodding while reading through the questions above, your mental health might be in need of serious attention. We suggest a short checklist for you to stick on your fridge and help yourself. First of all, come up with a reasonable daily schedule. (a) This will give you a good rhythm and a sense of accomplishment every day. _____(A)_____, exercise regularly. Many diseases of the body and the mind can be cured with 20 minutes of exercise, at least three times a week. _____(B)_____, do not be afraid to open up about your feelings to your friends and family. Sharing your concerns with others is one of the best medicines for your mental health.

**1** 윗글의 빈칸 (A), (B)에 들어갈 말로 가장 적절한 것은?

|  | (A) |  | (B) |
|---|---|---|---|
| ① | Moreover | …… | Instead |
| ② | Next | …… | Consequently |
| ③ | However | …… | Consequently |
| ④ | Next | …… | Finally |
| ⑤ | However | …… | Finally |

서술형

**2** 윗글의 밑줄 친 (a)를 3형식으로 바꿔 쓰시오.

_____

**Grammar Points!** 감각동사 + 형용사보어

감각동사(look, sound, smell, taste, feel)는 뒤에 보어로 형용사를 취한다.
Do you **feel** <u>overwhelmed</u> frequently throughout the day? 당신은 온종일 자주 압도당하는 기분이 드는가?
Do you **feel** <u>helpless</u>? 당신은 무기력하다고 느끼는가?

overwhelmed 압도된   throughout 내내   appetite 식욕   on a regular basis 규칙적으로   helpless 무기력한(help 도움 -less 없는)   engage with 교류하다   nod 끄덕이다   mental health 정신 건강   attention 주의(attend 주의를 기울이다 -ion 명사)   suggest 제안하다   stick 붙이다   fridge 냉장고   help oneself 마음대로 쓰다[먹다]   come up with 찾아내다   accomplishment 성취(accomplish 성취하다 -ment 명사)   cure 치유하다

# Word Check ✕ ✕ ✕

**[1-3] 다음 문장에 알맞은 단어를 고르시오.**

1 Columbus (start / discovered) the New World in 1492.

2 The surgery took (approximately / completely) ten hours.

3 She never pays (concerns / attention) to what I say.

**[4-6] 다음 빈칸에 들어갈 말을 〈보기〉에서 고르시오. (필요하면 형태를 바꾸시오.)**

〈보기〉 helpless, frozen, various, volunteer, semester

4 The river is _____ about a foot thick.

5 The sleeping bags come in _____ sizes.

6 People feel _____ when they are sick.

**[7-9] 다음 짝지어진 단어의 관계와 같도록 빈칸에 알맞은 단어를 쓰시오.**

7 graduate : graduation = accomplish : _____

8 memorable : unforgettable = huge : _____

9 first : last = freeze : _____

**[10-12] 다음 영영 풀이가 뜻하는 단어를 쓰시오.**

10 someone who continues to live from an accident or disaster : _____

11 happening without any delay : _____

12 measuring little from the top to the bottom : _____

13 **다음 문장의 밑줄 친 부분과 바꿔 쓸 수 있는 단어를 고르시오.**

We have to come up with a solution to the problem.

① exist          ② find          ③ capture

④ run            ⑤ identify

# Unit
## 15

---

## 도표 및 실용문의 이해

✕ 유형 소개

1. 우리가 흔히 주변에서 접할 수 있는 실용문이나 광고문을 다룬다.
2. 글의 내용을 나타내는 그래프를 보고 일치하거나 불일치하는 것을 찾는다.
3. 내용은 어렵지 않으나 도표를 영어로 이해하는 능력이 요구된다.

✕ 유형 전략

광고문, 안내문, 지시문 등의 실질적인 내용을 전달하는 글을 접하게 된다.

**Step 1** 선택지를 먼저 읽고 글에서 관련 부분을 찾아 본문과 비교한다.

**Step 2** 선택지의 내용을 세부사항까지 꼼꼼히 확인하여 비교한다.

**Step 3** 내용을 가지고 추론하는 문제가 아니므로 본문에 나와 있는 내용만 사실이다.

**Step 4** 어떤 부분이 글의 내용과 다른지 다시 확인한다.

## Words & Phrases

analyze 분석하다
at random 무작위로
bar graph 막대그래프
bowl 그릇
category 범주, 카테고리
chop 썰다
detect 탐지하다
double 두 배가 되다
educational 교육적인(educate 교육하다 -ion 명사 -al 형용사)
fold 접다
football 미식축구
freshwater 민물의
generous 충분한

letter identification 글자 식별
pour 붓다
relate to ~와 관련되다
represent 나타내다; 대표하다
rotate 돌리다
spatial 공간의(space 공간 -ial 형용사)
spinach 시금치
sprinkle 뿌리다
structure 구조, 구성
track 육상
twice as large as ~의 두 배가 큰
vegetable 야채

# Example

omelet에 관한 아래 내용과 일치하지 <u>않는</u> 것은?

## How to Make an Omelet

What you need for an omelet is 2 eggs, salt and pepper, vegetables of your choice (onions, mushrooms, or spinach), meat of your choice (bacon or sausage), cheese, and vegetable oil. First, beat the eggs in a bowl, and chop the vegetables and meat. Put a little bit of vegetable oil in a pan, and pour in the egg mixture. Use a separate pan to cook the meat. After about a minute, add the chopped vegetables and the cooked meat. When the eggs look almost done, sprinkle a generous amount of cheese on top and fold the egg in half. Add salt and pepper to taste.

① 오믈렛에는 야채와 고기가 들어간다.
② 계란을 먼저 익히고 같은 팬에 고기를 굽는다.
③ 부친 계란에 썰어 놓은 야채와 익힌 고기를 넣는다.
④ 계란이 다 익은 것 같으면 치즈를 뿌린다.
⑤ 입맛에 맞게 소금과 후추를 넣는다.

## ✕ 문제 해결하기

> **Step 1** 선택지를 읽고 관련 부분을 찾아 비교
> 계란을 먼저 익히고 다른 팬에 고기를 익힌다.
>
> **Step 2** 선택지의 내용을 세부사항까지 꼼꼼히 확인
> 계란을 익히는 팬과 고기를 익히는 팬은 다른 것으로 하라는 내용이 있다. (Use a seperate pan ~.)
>
> **Step 3** 본문에 나와 있는 내용으로만 사실 확인
> 다른 내용은 모두 본문에 그대로 나와 있는 내용들이다.
>
> **Step 4** 정답 확인
> 어떤 부분이 틀렸는지 재확인한다.

omelet 오믈렛　pepper 후추　vegetable 야채　mushroom 버섯　spinach 시금치　bowl 그릇　chop 썰다　pan 후라이팬　pour 붓다　mixture 섞은 것　separate 별도의　add 추가하다　sprinkle 뿌리다　generous 충분한　fold 접다　to taste 기호에 맞게

# Raising Pet Fish

Fish are a fun and easy pet to have. They do not require much work or attention. Fish usually eat one time a day, and their diet is simple. Fish can be kept in a bowl or a large aquarium, depending on how many fish one has. *There is some work to be done when the fish tank needs to be cleaned. *Some aquariums clean (a) _____, but sometimes the fish owner must remember to clean the home of his or her fish. Keeping saltwater fish is generally more difficult than keeping freshwater fish, but saltwater fish come in many more shapes and colors.

**1** pet fish에 관한 윗글의 내용과 일치하지 <u>않는</u> 것은?

① 물고기는 보통 하루에 한 번 먹으며 먹이는 단순하다.

② 물고기의 수가 많으면 수족관에 키울 수 있다.

③ 일부 수족관은 자체적으로 청소가 된다.

④ 민물 물고기를 키우는 것이 바다 물고기를 키우는 것보다 어렵다.

⑤ 바다 물고기가 민물 물고기보다 더 다양한 색을 가진다.

> 서술형

**2** 윗글의 빈칸 (a)에 들어갈 알맞은 재귀대명사를 쓰시오.

_____

---

**Grammar Points!**　　부정대명사 some

some은 '몇몇의, 약간의'라는 의미로 셀 수 있는 명사와 셀 수 없는 명사에 둘 다 쓰일 수 있다. 셀 수 있는 명사와 쓸 경우는 명사를 복수형으로 쓴다.

There is **some** <u>work</u> to be done when the fish tank needs to be cleaned. (단수)
수조를 치워야 할 때는 해야 하는 약간의 일이 있다.

**Some** aquariums clean themselves. (복수)
몇몇 수족관은 자체적으로 세정한다.

---

pet 애완동물　require 필요로 하다　attention 주의　aquarium 수족관　depending on ~에 따라　fish tank 수조　owner 주인　saltwater 바닷물의
generally 보통　freshwater 민물의

# Rubik's Cube

Some parents believe that exposing their children to educational toys at a young age will help them grow up to be intelligent adults. Here is such a toy: the Rubik's Cube. *This entails rotating pieces of a cube until all the colors are aligned on each side. (a) <u>A number of</u> research results claim that a Rubik's Cube can boost spatial reasoning skills, as *a child needs to understand the structure of the cube and how each side relates to the others. Moreover, it helps develop problem-solving skills as well.

1 Rubik's Cube에 관한 윗글의 내용과 일치하지 <u>않는</u> 것은?

① 한 면에 색깔이 다 정렬될 때까지 정육면체를 돌린다.

② 아동의 공간 추리 능력을 증진시킨다는 보고가 있다.

③ 정육면체의 구조와 면과 면사이의 관계를 이해해야 한다.

④ 아동의 문제 해결 능력을 개발시키도록 돕는다.

⑤ 어린 아이들의 감성적인 성장 발달에 도움이 된다.

2 윗글의 밑줄 친 (a) A number of와 바꿔 쓸 수 있는 표현을 두 개 이상 쓰시오.

_____

---

**Grammar Points!** each/every + 단수명사

each와 every는 뒤에 단수명사를 쓰고, 주어로 쓰인 경우 단수동사를 사용한다.

This entails rotating pieces of a cube until all the colors are aligned on **each side**.

이것은 모든 색깔이 각 면에 정렬될 때까지 큐브 조각들을 돌리는 것을 포함한다.

A child needs to understand the structure of the cube and how **each side** <u>relates</u> to others.

아이는 큐브의 구조와 각 면이 다른 면들과 어떻게 연결되어 있는지 이해해야 한다.

educational 교육적인(educate 교육하다 -ion 명사 -al 형용사)  intelligent 지적인  entail 수반하다. 포함하다  rotate 돌리다  align 정렬시키다  claim 주장하다  boost 증진시키다  spatial 공간의(space 공간 -ial 형용사)  reasoning 추론  structure 구조, 구성  relate to ~와 관련되다

The bar graph below shows the achievement levels in Letter Identification. ① The orange bars show the achievement of a group of students when they enter school while the yellow bars show the achievement of the same students after one year at school. ② The data shows that only a small number of students who were in the 'well below' category stayed in that category after one year at school. ③ The number of students in the 'within' or 'above' category has a little more than doubled. ④ *The number of students who were in the 'well below' category has reduced (a) <u>substantial</u>. ⑤ The number of students in the 'above' category has increased more than in any other category.

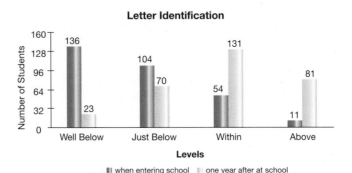

**1** 위 도표의 내용과 일치하지 <u>않는</u> 것은?

①       ②       ③       ④       ⑤

서술형

**2** 윗글의 밑줄 친 (a) substantial을 어법에 맞게 바꿔 쓰시오.

_____

**Grammar Points!**    동사 수식의 부사

부사는 동사, 형용사, 부사를 수식하며 동사를 수식하는 경우는 주로 동사 바로 앞이나 뒤, 형용사나 부사를 수식하는 경우는 앞에 위치한다.

The number of students who were in the 'well below' category has <u>reduced</u> **substantially**.
'한참 아래' 범주에 있었던 학생들의 수는 상당히 감소했다.

bar graph 막대그래프   achievement 성취   letter identification 글자 식별   enter 들어가다   well below 한참 아래   category 범주, 카테고리
stay 머무르다   within 이내에   double 두 배가 되다   reduce 감소하다   substantial 상당한

We asked 100 students selected at random what their favorite sports are. A little more than 70 students said that they have a favorite sport. This bar graph represents the number of boys and girls who have a favorite sport. ① *The same number of boys and girls like baseball most. ② The number of boys who like baseball most and the number of boys who like football most are the same. ③ The largest number of girls like soccer and the least number of girls like basketball. ④ The number of boys (a) _____ favorite sport is tennis is twice as large as the number of boys whose favorite is track. ⑤ There are a lot more girls than boys (b) _____ favorite sport is basketball.

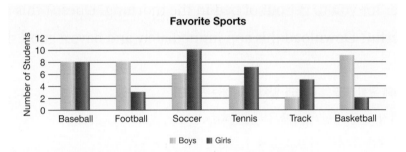

**Favorite Sports**

Number of Students

■ Boys  ■ Girls

**1** 위 도표의 내용과 일치하지 <u>않는</u> 것은?

①     ②     ③     ④     ⑤

서술형

**2** 윗글의 빈칸 (a)와 (b)에 공통으로 들어갈 알맞은 단어를 쓰시오.

_____

**Grammar Points!**  **a number of vs. the number of**

A number of + 복수명사 + 복수동사: 많은 ~ (복수명사가 주어)
The number of + 복수명사 + 단수동사: ~의 수 (the number가 주어)
**There are a number of** <u>students</u> who <u>study</u> paleontology. 고생물학을 공부하는 많은 학생들이 있다.
**The number of** <u>students</u> who study paleontology <u>is</u> increasing rapidly. 고생물학을 공부하는 학생들의 수가 급격히 늘고 있다.

selected 선택된  at random 무작위로  favorite 가장 좋아하는  represent 나타내다; 대표하다  most 가장  football 미식축구  twice as large as ~의 두 배가 큰  track 육상

# Useful App "Sleep Cycle"

How many people can honestly say that they wake up with little hesitation and frustration in the morning? I would bet not many. Good sleep is hard to achieve for most people. Fortunately, there is a great app for anyone who is looking to improve the quality of their nightly sleep called "Sleep Cycle." This app is "a bio-alarm clock that analyzes your sleep patterns and wakes you when you are in the lightest sleep phase." Basically, you put your phone on the bed with the app turned on when you go to sleep, and it detects your motion or snoring during the night and analyzes your sleep pattern. With this data, *this app wakes you up in your lightest sleep cycle, making it easier for you to get out of bed in the morning. Doesn't this sound wonderful? Download this app immediately and have a good sleep.

**1** App에 관한 윗글의 내용과 일치하지 <u>않는</u> 것은?

① 가장 얇은 수면 주기에서 깨워준다.

② 휴대폰에 앱을 켜놓고 있어야 작동한다.

③ 움직임을 탐지하여 수면 패턴을 분석한다.

④ 아침에 일어나는 것을 쉽게 해준다.

⑤ 밤잠을 설치는 사람들에게 좋은 앱이다.

**2** "Sleep Cycle"이 어떻게 사람의 수면의 질을 높여줄 수 있는지 우리말로 쓰시오.

_____

_____

---

**Grammar Points!**   가목적어 it

5형식에서 목적어가 to부정사구 혹은 that절인 경우 가목적어 it을 목적어 자리에 쓰고 진목적어는 문장 뒤에 쓴다.

<u>This app wakes you up in your lightest sleep cycle, making **it** easier for you to get out of bed in the morning.</u> 이 앱은 당신의 가장 얇은 수면 주기에서 당신을 깨워서 당신이 아침에 일어나는 것을 더 쉽게 해준다.

---

wake up 깨다   hesitation 망설임   frustration 좌절   bet 장담하다   fortunately 다행히   quality 질   bio-alarm 생체 알람   analyze 분석하다   pattern 패턴   phase 단계   detect 탐지하다   motion 움직임   snore 코를 골다   get out of bed 잠자리에서 일어나다   download 내려받다   immediately 즉시

# Word Check ✖ ✖ ✖

[1-3] 다음 문장에 알맞은 단어를 고르시오.

1 Tina had to make a(n) (attention / choice) between family and job.

2 It is important to have a healthy (diet / bowl).

3 He worked hard and (continued / achieved) success.

[4-6] 다음 빈칸에 들어갈 말을 〈보기〉에서 고르시오. (필요하면 형태를 바꾸시오.)

〈보기〉 download, snore, stay, fun, result

4 There are many _____ things in the box.

5 We _____ late at the library last night.

6 You can _____ the program.

[7-9] 다음 짝지어진 단어의 관계와 같도록 빈칸에 알맞은 단어를 쓰시오.

7 beef : meat = onion : _____

8 success : failure = increase : _____

9 teach : teacher = own : _____

[10-12] 다음 영영풀이가 뜻하는 단어를 쓰시오.

10 able to think and understand quickly and well : _____

11 to put small drops of liquid on something : _____

12 unwillingness to do something because you are not sure : _____

13 다음 문장의 밑줄 친 부분과 바꿔 쓸 수 있는 표현을 고르시오.

The farm has <u>boosted</u> wheat production.

① achieved ② increased ③ added
④ exposed ⑤ exceeded

# Unit

## 16

---

## 특정 정보 파악

### ✕ 유형 소개

1. 글에 제시된 내용을 정확하게 이해했는지를 평가하는 유형이다.
2. 주어진 글에서 언급된 혹은 언급되지 않은 내용을 찾는 문제가 출제된다.
3. 글의 내용을 꼼꼼히 선택지와 비교 분석하는 능력이 요구된다.

### ✕ 유형 전략

글의 세부적인 내용을 파악하고 선택지와 비교한다.

**Step 1** ▶ 선택지를 먼저 읽고 글에서 관련 부분을 찾아 본문과 비교한다.

**Step 2** ▶ 글의 흐름과 선택지의 순서가 비슷하므로 순서대로 확인하여 비교한다.

**Step 3** ▶ 일부 단어에 의존하는 것이 아니라 문장 전체 내용이 같은지 판단한다.

**Step 4** ▶ 내용이 같거나 다른 부분이 구체적으로 어디인지 글에서 재확인한다.

## Words & Phrases

abstract 추상적인

advancement 발전

afterward 후에(after 후에 -ward ～쪽으로)

all that aside 그것보다도

be addicted to ～에 중독되다

be worth ～할 가치가 있다

consumer 소비자(consume 소비하다 -er 사람)

dominant 지배적인, 우세한

endless 끝이 없는(end 끝 -less ～없는)

flight 비행

goods 제품, 상품

guarantee 보장하다

law 법

lead to ～로 이어지다

mainland 본토

painting 회화

play a role 역할을 하다

pursue 추구하다

refer to A as B A를 B라고 일컫다

remote 외딴; 먼

resistance 저항(resist 저항하다 -ance 명사)

sculpture 조각

side effect 부작용

sink 가라앉다

speed walk 빨리 걷다

spot 찾다

# Example

다음 글에서 Amelia Earhart에 대해 언급되지 <u>않은</u> 것은?

정답 및 해설 p.23

Amelia Earhart was the first woman to fly alone across the Atlantic Ocean. She was also the first person to fly solo from Hawaii to the American mainland. She fought for the advancement of women in aviation by setting many flying records. Unfortunately, during a flight around the world, Earhart disappeared over the Pacific in July 1937. Her disappearance remains one of the biggest mysteries of the 20th century because her plane wreckage was never found. Many historians believe that she might have crashed and sunk. Others think that she might have ended up on a remote island. Still others think that she might have been captured by the Japanese while spying on Japan. So far, nobody has cracked this mystery.

① Earhart는 대서양을 혼자 비행해서 건넜다.
② Earhart는 항공 분야에서 여성의 발전을 위해 애썼다.
③ Earhart가 대서양 횡단 도중 추락했다.
④ Earhart가 탄 비행기의 잔해는 발견되지 않았다.
⑤ Earhart가 사라진 이유는 여전히 미스터리이다.

## ✕ 문제 해결하기

**Step 1** 선택지를 읽고 관련 부분을 찾아 비교
Unfortunately 이하에 관련 내용이 나온다.

**Step 2** 선택지의 순서대로 글의 흐름과 확인
다른 선택지는 본문에 언급되었고 대서양에서 추락했다는 언급은 없다.

**Step 3** 문장 전체의 내용이 같은지 판단
1937년에 사라졌고, 잔해가 발견되지 않아 여전히 미스터리이다.

**Step 4** 정답 확인
추락은 많은 역사학자들의 추측으로 언급되었다.

Atlantic Ocean 대서양  mainland 본토  fight for ~을 위해 싸우다  advancement 발전  aviation 항공 분야  set a record 기록을 세우다
unfortunately 불행하게도  flight 비행  the Pacific 태평양  disappearance 사라짐  remain 남아 있다  mystery 미스터리  wreckage 잔해
historian 역사가, 역사학자  crash 추락하다  sink 가라앉다  remote 외딴; 먼  capture 사로잡다  spy on ~을 정찰하다  crack 깨다; 해결하다

Dopamine is a chemical found in our brains and bodies. Inside the brain, it allows us to sense pleasure and reward. It is naturally released after rewarding experiences such as eating food. However, it can also be released for other reasons, such as feeling pain. In addition, *it plays a role in controlling several other important hormones. Outside the brain, dopamine sends chemical messages in certain parts of the body. (a) If we do not have enough dopamine released in our body, it could lead to diseases like Parkinson's disease.

**1** 윗글에서 도파민에 대해 언급되지 <u>않은</u> 것은?

① 도파민은 뇌에서 발견되는 화학물질이다.
② 도파민은 우리가 기쁨을 느낄 수 있게 해준다.
③ 도파민은 중요한 호르몬을 통제한다.
④ 도파민은 뇌에서만 화학적 메시지를 전달한다.
⑤ 도파민이 충분히 분비되지 않으면 질병으로 이어질 수 있다.

서술형

**2** 윗글의 밑줄 친 (a)를 unless로 시작하는 절로 바꿔 쓰시오.

_____

**Grammar Points!** 전치사의 목적어 동명사

동명사는 동사에 ~ing를 붙여 명사, 즉 문장의 주어, 목적어, 보어로 사용할 수 있다. 특히, 동명사는 전치사의 목적어로 쓰인다.
It plays a role <u>in</u> **controlling** several other important hormones.
It plays a role <s>in control</s> several other important hormones. (X)
그것은 여러 다른 중요한 호르몬을 통제하는 역할을 한다.

chemical 화학물질  brain 뇌  reward 보상  release 분비하다  pain 고통  in addition 게다가  play a role 역할을 하다  control 통제하다
hormone 호르몬  certain 특정한  lead to ~로 이어지다

A monopoly happens when one business has no competitors to provide goods or services. Many people do not like monopolies because it allows the dominant business to raise the prices of items as much as they want. In that case, consumers are usually the ones who get hurt the most from monopolies. On the other hand, *the businesses sure do love this model as it provides them (a) _____ lots of money. This explains why there are many laws that regulate the way these businesses are run, to guarantee fair competition in the market.

1  윗글에서 독점에 대해 언급되지 <u>않은</u> 것은?

① 독점은 기업의 경쟁업체가 없는 상태이다.
② 독점은 소비자들이 좋아하지 않는다.
③ 독점의 피해자들은 주로 소비자들이다.
④ 독점은 기업들에게 많은 이익을 가져다준다.
⑤ 독점을 규제하는 법의 마련이 시급하다.

[서술형]
2  윗글의 빈칸 (a)에 들어갈 알맞은 전치사를 쓰시오.

_____

---

**Grammar Points!**   강조의 조동사 do

일반동사를 강조하기 위해서는 일반동사 앞에 **do**를 쓴다. 주어가 3인칭 단수인 경우 **does**를 과거인 경우는 **did**를 쓰며 뒤에는 일반동사의 원형이 온다.
The businesses sure **do** <u>love</u> this model as it provides them with lots of money.
기업들은 독점이 자신들에게 많은 돈을 제공하기 때문에 이 모델을 당연히 좋아한다.

monopoly 독점   business 기업체   competitor 경쟁자   goods 제품, 상품   dominant 지배적인, 우세한   raise 올리다   item 물품   consumer 소비자   on the other hand 반면에   law 법   regulate 규제하다   guarantee 보장하다   fair 공정한   market 시장

*Pablo Picasso is one of the most renowned artists from Spain. Picasso worked in the fields of painting, drawing, sculpture, ceramics, and even stage design and writing. All that aside, he is most well-known for his abstract style of painting, most commonly referred to as "Cubism." Picasso honed his skill at the Royal Academy of San Fernando starting at age 16, but left soon afterward to pursue painting on his own. (a) It was well worth it, as *he is considered one of the most influential artists of the 20th century.

**1** 윗글에서 피카소에 대해 언급되지 <u>않은</u> 것은?

① 피카소는 스페인 출신의 유명한 예술가이다.
② 피카소는 예술의 여러 분야에서 작업했다.
③ 피카소는 추상적인 회화 스타일로 가장 유명하다.
④ 피카소는 Royal Academy에서 오랫동안 자신의 기술을 연마했다.
⑤ 피카소는 20세기 가장 영향력 있는 예술가 중 한 명이다.

서술형
**2** 윗글의 밑줄 친 (a)를 우리말로 알맞게 옮기시오.

_____

**Grammar Points!** one + of + the + 최상급 + 복수명사

one of는 '~중에 하나'라는 의미이므로 뒤에는 복수명사가 와야 한다.
Pablo Picasso is **one of the most renowned artists** from Spain.
Pablo Picasso는 스페인 출신의 가장 유명한 예술가들 중 한 명이다.
He is considered **one of the most influential artists** of the 20th century.
그는 20세기의 가장 영향력 있는 예술가들 중 한 명으로 여겨진다.

renowned 유명한  field 분야  painting 회화  drawing 소묘  sculpture 조각  ceramics 도예  all that aside 그것보다도  abstract 추상적인  refer to A as B A를 B라고 일컫다  hone 갈다; 연마하다  afterward 후에(after 후에 -ward ~쪽으로)  pursue 추구하다  on one's own 자신만의  be worth ~할 가치가 있다  influential 영향력 있는

The list of benefits of walking is endless. It makes you lose weight and your leg muscles get stronger. Aside from these well-known physical effects, there are surprising advantages of walking. First of all, walking helps prevent diabetes. A recent study by a group of British scientists reported that *people who speed walk 5 times a week showed a stronger resistance to the development of the illness. Secondly, walking lowers your chance of a stroke. Another study at an American university showed that people who walk often and regularly had a 40% lower chance of suffering from strokes. Overall, the more you walk, the healthier you get.

**1** 윗글에서 걷기의 장점으로 언급되지 <u>않은</u> 것은?

① It helps you to get thinner.

② It makes your leg muscles stronger.

③ It helps you to gain weight.

④ It helps to reduce the chance of a stroke.

⑤ It helps to prevent diabetes.

서술형

**2** 다음 주어진 문장을 우리말로 해석하시오.

The more you walk, the healthier you get.

_____

**Grammar Points!** 주격 관계대명사 who

who는 주격 관계대명사로 사람을 나타내는 선행사를 수식하는 형용사절을 이끈다.
**People who speed walk 5 times a week showed a stronger resistance to the development**
 (일주일에 5번 빨리 걷는 → 사람들)
**of the illness.** 일주일에 5번을 빠르게 걷는 사람들이 당뇨의 발병에 더 강한 저항력을 보였다.

benefit 혜택, 장점  endless 끝이 없는(end 끝 -less ~없는)  muscle 근육  aside from ~을 제외하고  well-known 잘 알려진  physical 신체적인  effect 효과; 영향  advantage 이점, 장점  diabetes 당뇨  report 보고하다  speed walk 빨리 걷다  resistance 저항(resist 저항하다 -ance 명사)  illness 질병  lower 낮추다  stroke 뇌졸중

Coffee might just be the most popular drink in Korea, next to water. It is not uncommon for you to spot 3 coffee shops on one block. Moreover, it is even more common to find people holding a take-out coffee cup. As one can see on the streets of Korea, there are more and more people who are addicted to coffee. Why? Coffee has a considerable amount of caffeine, which is known (a) _____ an addictive substance. For those who are not addicted yet, coffee is still their favorite drink. For one thing, they like to drink coffee for its taste and aroma. The other reason is that coffee makes you more alert and focused. Many office workers enjoy coffee for this reason. However, coffee can cause some side effects, if you consume too much. For example, *if you have trouble sleeping at night, you'd better not drink coffee after dinner.

**1** 윗글에서 커피에 대한 이야기로 언급되지 <u>않은</u> 것은?

① 한국의 거리에서 커피를 들고 다니는 사람을 보는 것은 쉽다.
② 커피가 가지고 있는 중독성 물질은 카페인이다.
③ 많은 직장인들이 커피가 집중력을 높이기 때문에 즐긴다.
④ 식사 후에 커피를 마시면 식곤증이 사라진다.
⑤ 커피는 불면증에 좋지 않은 영향을 줄 수 있다.

서술형
**2** 윗글의 빈칸 (a)에 들어갈 알맞은 전치사를 쓰시오.

_____

**Grammar Points!**　　have trouble ~ing: ~하는 데 어려움을 가지다

have trouble ~ing = have difficulty ~ing, have a hard time ~ing
If you **have trouble sleeping** at night, you'd better not drink coffee after dinner.
밤에 잠자는 데 어려움이 있는 사람은 저녁 식사 후에 커피를 마시지 않는 게 좋다.

next to 다음으로  uncommon 흔하지 않은, 드문  spot 찾다  hold 들다  be addicted to ~에 중독되다  considerable 상당한  caffeine 카페인  addictive 중독성의  substance 물질  taste 맛  aroma 향  alert 깨어 있는; 경계하는  focused 집중하는  side effect 부작용  consume 소비하다; 섭취하다

# Word Check ✖ ✖ ✖

정답 및 해설 p.24

**[1-3] 다음 문장에 알맞은 단어를 고르시오.**

1 I don't have any (folk / experience) with this type of work.

2 The writer of this book is (well-known / recent) across Europe.

3 She listens to her (uncommon / favorite) CD while studying.

**[4-6] 다음 빈칸에 들어갈 말을 〈보기〉에서 고르시오. (필요하면 형태를 바꾸시오.)**

> 〈보기〉 endless, competition, sense, guarantee, consumer

4 I cannot _____ your flight won't be delayed.

5 The list of people that I should thank is _____.

6 We hope that this will be a fair _____.

**[7-9] 다음 짝지어진 단어의 관계와 같도록 빈칸에 알맞은 단어를 쓰시오.**

7 renowned : famous = rare : _____

8 importance : important = influence : _____

9 sculpture : sculptor = art : _____

**[10-12] 다음 영영풀이가 뜻하는 단어를 쓰시오.**

10 a chemical substance usually found in coffee that makes you more active : _____

11 relating to your body rather than your mind : _____

12 a person who buys things or uses service : _____

13 **다음 문장의 밑줄 친 부분과 바꿔 쓸 수 있는 표현을 고르시오.**

> Stress can <u>lead to</u> serious health problems.

① record        ② cause        ③ ban

④ control        ⑤ pursue

# READING 16

## 정답 및 해설

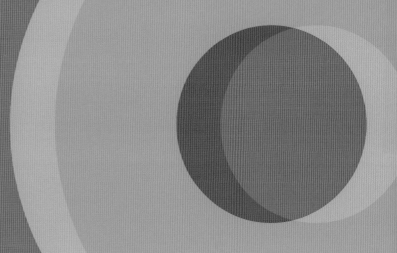

LEVEL. 2

# READING 16

## 정답 및 해설

LEVEL. 2

# Unit 01 내용 일치 파악

## Example ④ p.09

**해석** 식목일은 사람들이 나무를 심고 나무를 돌보는 특별한 날이다. 그것은 미국의 네브라스카 주의 Julius Morton에 의해 만들어졌다. Morton과 그의 아내는 자연을 사랑해서 그들의 집 주위에 많은 나무와 관목 그리고 꽃들을 심었다. Morton은 개인들의 나무 심기를 지원했을 뿐만 아니라 단체나 조직이 합류하기를 원했다. 첫 번째 식목일은 대단한 성공이었다. 대략 백만 그루의 나무가 네브라스카에 심어졌다. 오늘날 많은 나라들이 비슷한 휴일을 가지고 있다. 식목일이 보통 봄에 오지만 날짜는 파종 시기에 따라 다르다.

---

### ✕ PRACTICE

1 1 ⑤   2 were adopted
2 1 ④   2 watching TV
3 1 ①   2 from
4 1 ③   2 that
장문 독해  1 ④   2 more, effective, than

---

## PRACTICE 1 p.10

**1 ⑤   2 were adopted**

**해석** Lorena와 Jacqueline 자매는 1985년 11월에 볼리비아의 한 화산이 분출했을 때 3살과 9살이었다. 2만 명 이상이 사망했고 그 두 자매들의 고향은 파괴되었다. 그들의 부모들은 사망한 것으로 믿어졌기 때문에 자매들은 1985년 서로 다른 집에 입양되었다. 30년 후, 자매 중 한 명이 페이스북 비디오를 통해 그녀의 가족을 찾으려고 애썼다. 다행히, 나머지 자매가 비디오를 보고 그녀를 찾았다. 그들은 또한 그들의 부모에게 무슨 일이 있었는지 알아내려고 애썼지만 아주 성공적이지는 못했다. 이제 Lorena와 Jacqueline은 따라잡을 30년간의 이야기들이 있다.

**문제 해설** 두 자매는 서로 만나 잃어버린 30년간의 이야기를 앞에 두고 있다는 내용이 있을 뿐 고향에 돌아가 같이 산다는 내용은 없다.

**서술형 문제 해설** adopt는 '입양하다'의 의미로, 두 자매는 입양되고 그 시제가 과거이므로 과거 수동태인 'were adopted'를 쓴다.

---

## PRACTICE 2 p.11

**1 ④   2 watching TV**

**해석** 한 새로운 연구는 불행한 사람들이 행복한 사람들보다 TV를 더 많이 본다는 것을 발견했다. 그 연구는 3만 명의 성인 참여자에게 행해졌다. 연구는 행복한 사람들은 일주일에 약 19시간을 TV를 보는 반면 우울한 사람들은 25시간을 본다는 것을 보여준다. 사람들은 TV에서 단기적으로는 즐거움을 얻는다. 하지만 TV는 반사회적 행동을 키운다. 그들이 TV를 보는 데 더 많은 시간을 사용함에 따라 그들은 친구와 가족과의 사교활동과 같은 더 긍정적인 활동을 위한 시간이 줄어들게 된다. 인간은 사회적 동물이기 때문에 이런 혼자만의 활동은 장기적으로 그들의

정신건강에 부정적 영향을 줄 수 있다.

**문제 해설** TV를 보는 시간이 늘어남에 따라 친구와 가족과의 사교활동과 같은 보다 긍정적인 활동을 위한 시간이 줄어들게 된다고 말하고 있다.

**서술형 문제 해설** 정관사 the가 쓰였으므로 혼자만의 활동으로 앞서 언급된 활동을 찾아야 한다.

---

## PRACTICE 3 p.12

**1 ①   2 from**

**해석** 우리들 대부분은 먼 미래보다는 당면한 관심사에 더 열중해 있다. 그러나 미국 국가정보 위원회의 사람들은 다르다. 위원회는 4년마다 미래에 대한 보고서를 출간한다. 그들의 최근 보고서 중 하나는 "2050년에 세계는 어떻게 될까?"이다. 지구온난화가 성장 시기를 연장함에 따라 캐나다와 러시아는 더 튼튼한 경제를 가지게 될 것이다. 그러나 부패 때문에 러시아는 강대국으로서 자리를 탈환하지 못할 것이다. 미국은 국내 문제 때문에 힘을 잃을 것이다. 아프리카의 일부 정부들이 식량 부족과 물 부족으로 와해될 것이다.

**문제 해설** 지구온난화는 성장 시기를 길게 하여 러시아와 캐나다의 경제를 더 튼튼하게 해주는 요소로 언급된다.

**서술형 문제 해설** prevent A from ~ing A가 ~하지 못하게 하다

---

## PRACTICE 4 p.13

**1 ③   2 that**

**해석** 당신은 네 잎 클로버가 행운을 가져온다는 것을 들어본 적이 있는가? 혹은 사다리 아래를 걸어가는 것이 불운을 가져옴에도 걷겠는가? 이것들이 미신의 예이다. 미신은 이성이나 사실에 근거를 두지 않은 생각이지만, 사람들은 그것을 믿는 경향이 있다. 많은 미국인들은 13일의 금요일에 중요한 어떤 일을 하는 것을 피한다. 마찬가지로, 4의 중국어 발음이 죽음에 해당하는 단어의 발음과 비슷하다는 이유 때문에 많은 중국인들이 숫자 4를 불운하다고 여긴다. 그러나 오늘날 과학과 기술의 발달로 많은 미신이 더 이상 심각하게 받아들여지지 않는다.

**문제 해설** 미신은 이성이나 사실에 근거하지 않은 생각이지만 사람들이 믿는 경향이 있다고 설명한다. ① 미신은 과학과 기술에 근거한다. ② 과학의 발전에 따라 우리는 더 많은 미신을 받아들인다. ③ 미신은 사람들이 믿는 경향이 있는 잘못된 생각들이다. ④ 많은 미국인들이 숫자 4가 불운하다고 생각한다. ⑤ 사다리 아래를 걷는 것은 당신에게 행운을 가져다준다.

**서술형 문제 해설** the Chinese pronunciation of 4 is similar to _____ of the word for death에서 빈칸은 앞의 the Chinese pronunciation을 받는 대명사를 써야 한다. 한 문장 안에서 수식을 받는 명사를 다시 대명사로 쓸 때 that 혹은 those를 쓴다.

---

## 장문 독해 p.14

**1 ④   2 more, effective, than**

**해석** "건강한 신체에 건강한 정신이 깃든다."라는 오랜 속담이 있다. 신체건강은 몸의 활력에 중요할 뿐만 아니라 정신건강에도 중요하다. 신체

를 좋은 상태로 유지하기 위해서는 일주일에 적어도 3번, 한 번에 약 30분 동안 운동하는 것이 권고된다. 그러나 규칙적인 일정을 지키는 것이 전체 운동시간보다 더 중요하다. 예를 들어, 일주일에 한 번 두 시간 동안 운동하는 것은 한 번에 30분씩 3번 운동하는 것만큼 효과적이지 않다. 규칙적인 운동 스케줄과 함께 좋은 습관들이 또한 건강을 지키도록 도와준다. 그런 습관의 몇몇 예로는 더 많은 채소를 먹고 고기와 유제품은 덜 먹는 것과 더 적은 양의 음식을 자주 먹는 것과 물을 충분히 마시는 것이 있다.

**문제 해설** 운동을 할 때 한꺼번에 많은 시간을 지속하는 것이 나눠서 규칙적으로 운동하는 것만큼 효과적이지 않다고 설명한다.

**서술형 문제 해설** A is not as 원급 as B = B is 비교급 than A

---

## Word Check                                          p.15

| | | |
|---|---|---|
| 1 spend | 2 effect | 3 extended |
| 4 varies | 5 adopt | 6 prevent |
| 7 negative | 8 success | 9 luckily |
| 10 solitary | 11 immediate | 12 proverb |
| 13 ② | | |

---

**해석** 1 많은 사람들은 그들의 많은 여가시간을 TV보는 데 사용한다.
2 일부 현대기술은 우리에게 부정적 영향을 미친다.
3 그 교수는 마감시한을 3일 연장해주었다.
4 나의 스케줄은 매일 다르다.
5 그들은 아이를 입양하기로 결정했다.
6 아무것도 우리가 거기에 가는 것을 막을 수 없다.
7 먼 : 당면한 = 긍정적인 : 부정적인
8 행동하다 : 행동 = 성공하다 : 성공
9 심각한 : 심각하게 = 다행한 : 다행히
10 다른 사람들 없이 존재하거나 살거나 가는, 외로운
11 지연 없이 일어나는, 현재와 가까운
12 인생의 진실을 말해주는 짧은 문장
13 우리는 이런 기회를 전혀 가져본 적이 없다.

---

# Unit 02 글의 주제 및 제목 파악

## Example ③                                          p.17

**해석** 모든 사람들이 그들만의 기억에 남는 영화를 가지고 있다. 기억에 남는 영화는 어린 시절의 영화일 수도 있고 사랑하는 사람들과 함께 본 영화일 수도 있다. 아마도 당신이 강한 유대감을 느꼈던 영화일 수 있다. 종종 사람들은 이런 영화들에서 가장 좋아하는 대사를 외우기를 좋아하고, 일부 사람들은 전체 영화를 외우기도 한다. 많은 사람들은 이 영화들이 그들의 삶을 변화시켰다고 말한다. 영화가 사람들의 삶에서 얼마나 강력할 수 있는지를 보는 것은 정말 놀랍다.

### ✖ PRACTICE

1  1 ③    2 in
2  1 ⑤    2 remove → removing
3  1 ④    2 has been
4  1 ③    2 People actually reported this phenomenon in Eastern Europe in March this year.

**장문 독해**  1 ②   2 Doing something nice for others / For others doing something nice

## PRACTICE 1                                          p.18

1 ③    2 in

**해석** 많은 미래의 대학 신입생들에게 흥미로워 보일 수 있는 대학생활의 한 가지 단면은 소위 "파티 문화"라는 것이다. 많은 미국 학생들은 대학입학을 부모로부터의 자유와 연관시키는데 이는 많은 학생들이 집에서 나와서 기숙사에 들어가게 되기 때문이다. 그리고 거기서 그들은 친구들과 함께 산다. 그들은 그곳에서 종종 과도한 알코올 섭취를 하게 된다. 그러나 종종 알코올 섭취에 대한 이런 무모한 태도는 매년 음주운전과 알코올중독으로 높은 사망률을 포함한 심각한 문제들을 일으킨다. 이런 문제를 방지하기 위해서 요즘 많은 대학들은 신입생 오리엔테이션에 책임 있는 알코올 섭취에 관한 강의를 포함시키고 있다.

**문제 해설** 대학 신입생들이 흥미롭게 생각하는 대학 파티 문화의 부정적인 면은 알코올 섭취에 대한 글이다. (대학 파티 문화의 한 가지 부정적인 면 ① 대학 파티 문화를 없애야 하는 이유 ② 캠퍼스 밖에 살면서 야기되는 심각한 문제 ③ 대학 파티 문화의 한 가지 부정적인 측면 ④ 음주운전으로 일어나는 사망을 줄이는 방법 ⑤ 대학 신입생 오리엔테이션의 중요성

**서술형 문제 해설** engage in ~에 참여하다 / result in ~의 결과를 낳다

## PRACTICE 2                                          p.19

1 ⑤    2 remove → removing

해석 럭비는 영국에서 사람들이 하는 거친 스포츠다. 아이들도 학교에서 럭비를 한다. 의사들은 럭비가 태클 동작을 가지고 있어서 걱정하는데 그것이 아이들을 다치게 할 수 있기 때문이다. Newcastle 대학의 Allyson Pollock 교수는 영국의 의료책임자들에게 학교 럭비에서 태클 동작을 없애서 부상으로부터 아이들을 보호하도록 요구하고 있다. Pollock 교수의 보고서는 태클 동작을 금지하는 것이 머리와 목 부상을 줄일 것이라고 주장한다. 그녀의 보고서는 또한 머리 부상과 노년의 치매와 알츠하이머병의 위험도 증가 사이의 잠재적인 관련성을 나타낸다. 그녀는 아이들을 보호하고 아이들의 안전을 보장하는 것이 정부의 의무라고 말한다.

문제 해설 럭비가 학교에서 아이들을 다치게 할 수 있고 태클동작이 머리와 목의 부상을 일으킨다는 내용이다.

서술형 문제 해설 by와 같은 전치사 뒤에 동사를 쓰는 경우 동사를 동명사로 바꿔준다.

## PRACTICE 3 p.20

1 ④  2 has been

해석 1608년 최초의 망원경 발명 이후에 더 강력한 망원경을 만들고자 하는 꾸준한 움직임이 있어왔다. 천문학자들은 더 복잡한 실험을 하기 위해 그것들이 필요했다. 지구에서 망원경을 사용하는 것의 한 가지 장애물은 대기권이 우주로부터 들어오는 빛을 방해한다는 것이다. 이 문제를 해결하기 위해서, 미국의 과학자 Lyman Spitzer는 우주에 망원경을 만드는 것을 제안했다. 그는 이 제안을 1946년에 했으며 이는 그러한 기술이 가능하기 한참 전이었다. 그래서 1990년 이후에야 비로소 최초의 우주망원경인 허블우주망원경이 발사되었다.

문제 해설 지구상의 망원경은 우주로부터 들어오는 빛이 대기권에서 방해를 받는다는 단점이 있어서 우주망원경을 설치하게 되었다.

서술형 문제 해설 특정 과거 시점부터 현재까지 계속됨을 나타내는 since가 있으므로 주절에는 현재완료(have p.p.)를 써야 한다. 이때의 현재완료는 4가지 용법 중 '계속'이다.

## PRACTICE 4 p.21

1 ③  2 People actually reported this phenomenon in Eastern Europe in March this year.

해석 만약 눈이 흰색이 아니라 오렌지색이라면 여러분은 그것을 믿을 수 있을까? 그것은 사하라 사막 때문에 일어났다. 사막의 모래폭풍에서 나온 먼지가 시베리아의 눈이 오렌지색으로 변하게 만들었다. 이 현상은 올해 3월 동유럽에서 실제로 보고되었다. 이 대단히 진기한 광경을 본 사람들은 소셜 미디어에서 자신들이 지구가 아닌 화성의 표면에 있다고 농담을 했다. 기상학자들은 오렌지색 눈이 단순히 사막 모래와 폭풍의 먼지 그리고 순수한 눈의 혼합물이라고 말한다. 그들은 오렌지색 눈이 정상적인 현상이고 거의 5년마다 일어난다고 설명한다.

문제 해설 시베리아의 눈을 오렌지색으로 만드는 것은 사하라 사막의 모래폭풍의 먼지 때문이라는 내용이다. (① 사하라 사막은 절대 시베리아만큼 많은 눈이 내리지 않는다. ② 기상학자들은 화성 표면에서 오렌지색 눈을 발견했다. ③ 오렌지 빛깔의 눈은 모래폭풍에 의해 일어난다. ④ 오렌지색 눈은 지구에서는 절대 볼 수 없다. ⑤ 오렌지 눈과 같은 희귀한 광경을 보는 것은 행운이다.)

서술형 문제 해설 일반인 행위자인 by people이 생략된 수동태이며

be동사가 과거로 쓰였으므로 people을 주어로 하는 과거시제 능동태를 쓴다.

## 장문 독해 p.22

1 ②  2 Doing something nice for other / For others doing something nice

해석 자신감을 얻는 일은 당신이 더 긍정적으로 세상을 보게 도울 수 있다. 자신감을 향상시키는 것을 돕기 위해 할 수 있는 여러 가지 일들이 있다. 장점과 성취한 일들의 목록을 만들고 그 목록을 자주 읽어보는 것은 자신에 대해 좋은 생각을 가질 이유를 일깨워주는 역할을 한다. 다른 사람을 위해 좋은 일을 하는 것은 만족감을 가져다주고 지역사회를 더 살기 좋은 곳으로 만들 수 있다. 건강을 유지하는 것도 또한 자신감을 유지하는 데 중요하다. 올바르게 먹고 충분히 자는 것도 몸이 더 좋아지도록 도와준다. 규칙적인 운동은 자연스럽게 당신을 더 행복하게 만든다. 또한 예술과 음악 같은 활동에 참여하는 것도 감정을 표현하고 다른 사람과 교류하는 것을 도울 수 있다. 선택할 수 있는 다른 많은 활동들이 있다. 청소나 물건 수리와 같은 해야 할 일들을 하는 것도 역시 성취한 기분을 느끼게 도울 수 있다.

문제 해설 자신감이 긍정적으로 사는 방법임을 주제로 이야기하고 자신감을 가지는 방법들을 나열하고 있다. (자신감을 가지기 위해 해야 하는 것)
① 자신감을 잃어버린 사람들 ② 자신감을 가지기 위해 해야 하는 것 ③ 신체 건강을 회복하는 방법 ④ 건강과 행복을 유지하는 방법 ⑤ 당신의 평생의 목표를 이루는 단계

서술형 문제 해설 -thing으로 끝나는 something, anything, nothing은 형용사가 뒤에서 수식한다.

## Word Check p.23

1 launched | 2 protect | 3 consumption
4 positive | 5 reckless | 6 maintain
7 powerful | 8 proposal | 9 rare
10 freshman | 11 poisoning | 12 reminder
13 ②

해석 1 새 위성이 곧 발사될 것이다.
2 이 모자는 뜨거운 태양으로부터 사람들을 보호해 준다.
3 그는 설탕 섭취를 줄이라고 권고받았다.
4 긍정적인 태도는 삶에서 중요하다.
5 그는 거칠고 무모한 젊은이다.
6 우리는 다른 나라와 좋은 관계를 유지해야 한다.
7 사용 : 유용한 = 힘 : 강력한
8 만족시키다 : 만족 = 제안하다 : 제안
9 기억하다 : 잊어버리다 = 흔한 : 드문
10 고등학교나 대학교의 1학년 학생
11 독성물질에 의해 일어난 신체 상태
12 당신에게 기억하게 하는 사람이나 사물
13 나쁜 날씨가 우리가 떠나는 것을 막았다.

## Example ④
p.25

**해석** Simon Grant는 아주 특별한 친구를 가지고 있다. 그것은 개나 고양이가 아니라, Jeffrey라는 이름의 11피트 낙타이다. Jeffrey는 원래 Simon의 아들을 위한 생일선물이었고, 영국에서 유일한 애완용 낙타라고 믿어진다. Simon은 매일 식량으로 주로 당근을 가져다주지만, 가끔 그는 특별한 것을 받기도 한다. 예를 들어, Jeffrey는 맥주를 마신다. Simon은 낙타 전문가로부터 이 아이디어를 얻었다. 이제, Jeffrey는 그의 주인보다 맥주를 더 많이 마신다. Jeffrey는 쌍봉낙타인데, 대략 60세 정도까지 사는 품종이다. 그것은 Simon이 이러한 사랑스러운 애완용 낙타와 함께 즐길 시간이 여러 해가 남아있을 수 있다는 것을 의미한다.

다니거나 자신이 실제로 좋아하는 여자아이들을 놀릴지도 모른다. 성인이 되어서는 이런 행동들이 남자가 여자에게 정중하게 데이트를 신청해서 저녁을 먹고 영화를 보는 등의 좀 더 성숙한 행동으로 바뀐다. 남자와 여자가 잘 어울리고 많은 공통점을 가지고 있다면 그들 사이에는 남녀 간에 화학적 반응(끌림)이 있다고 말할 수 있다.

**문제 해설** 남녀가 서로 끌리는 경우 둘 사이에는 화학적인 반응(끌림)이 있다고 말하고 있다. (우리는 남녀가 서로에게 끌릴 때 화학적 반응이 있다고 말한다.)

**서술형 문제 해설** 어린 나이에도 남자와 여자가 호감을 표현한다는 설명을 하면서 예로 든 것이 놀이터에서 쫓아다니거나 좋아하는 여자아이를 못살게 구는 것이다.

---

### ✂ PRACTICE

**1** 1 ④  **2** to move to a new house

**2** 1 ③  **2** Boys might chase girls around on a playground or they might tease girls whom they actually like.

**3** 1 ⑤  **2** Because they have a low metabolism.

**4** 1 ②  **2** however

**장문 독해** 1 ③  **2** better

---

## PRACTICE 1
p.26

**1** ④  **2** to move to a new house

**해석** 요즘 많은 사람들은 그들이 환경에 미치는 영향에 대해 인식을 더 많이 하고 있다. 작은 집은 공간을 덜 차지하여 더 많은 사람들이 살고 주거지를 더 많이 지을 공간을 만든다. 작은 집은 또한 물이나 에너지와 같은 천연자원을 덜 사용한다. 이것은 작은 집에서 사는 것을 더 비용 효율적으로 만든다. 작은 집에서 사는 것은 또한 더 적은 소유물을 포함하며 이는 새로운 집으로 이사하는 것을 쉽게 만든다. 보다시피 큰 집 보다는 작은 집을 선택하는 데 개인적인 이유와 환경적인 이유가 있다. 그것은 훨씬 더 단순한 생활방식이다.

**문제 해설** 개인적으로는 집에 드는 연료를 절약하여 비용이 절감되고, 사회적으로는 자원을 덜 써서 환경에 친화적이다. (작은 집은 개인적인 수준에서는 더 많은 돈을 절약해주는 반면 사회적 수준에서는 환경을 보호해줄 것이다.)

**서술형 문제 해설** it은 가목적어이므로 목적격 보어인 easier 뒤에 나온 to부정사구가 진목적어이다.

---

## PRACTICE 2
p.27

**1** ③  **2** Boys might chase girls around on a playground or they might tease girls whom they actually like.

**해석** 어린 나이에서부터도 남자와 여자 사이에는 뚜렷한 화학적 반응(끌림)이 있다. 때때로 남자아이들은 놀이터에서 여자아이들의 뒤를 쫓아

---

## PRACTICE 3
p.28

**1** ⑤  **2** Because they have a low metabolism.

**해석** 아무리 많이 먹어도 날씬함을 유지하는 사람들이 일부 있는가 하면 식이요법을 조절해도 과체중인 사람들이 있다. 이러한 이상한 패턴은 인간의 신진대사에 의해 일어날 수 있다. 신진대사는 사람들이 연료로 섭취하는 음식을 다 소비함으로써 하루 종일 그들에게 에너지를 주는 것이다. 신진대사를 높이기 위해 당신이 할 수 있는 것들이 있는데, 예를 들어 더 자주 운동하는 것, 카페인이 든 음료를 마시는 것, 혹은 매운 음식을 먹는 것이다. 낮은 신진대사를 가지고 있는 사람들은 느리고 비활동적이며 운동을 많이 하지 않는다.

**문제 해설** 날씬한 몸매와 건강을 유지하려면 운동을 하여 신진대사를 높여야 한다고 말한다. (만약 당신이 날씬하고 건강함을 유지하고 싶다면 몸을 더 활동적으로 움직여서 신진대사를 증진시켜야 한다.)

**서술형 문제 해설** 많이 먹어도 살이 찌지 않는 이유는 높은 신진대사를 가지고 있기 때문이고 적게 먹어도 살이 찌는 이유는 낮은 신진대사를 가지고 있기 때문이다.

---

## PRACTICE 4
p.29

**1** ②  **2** however

**해석** 아이들이 팀 스포츠를 해야 하는지 아니면 개인 스포츠를 해야 하는지에 대한 많은 논란이 있다. 팀 스포츠를 할 때 모든 팀원들은 경기의 책임을 나눈다. 팀이 이기면 어느 한 사람이 승리에 대해 칭찬을 받는 것이 아니라 모든 팀원들이 성공을 나눈다. 그러나, 개인 스포츠는 개인의 기량 향상과 성장에 더 초점을 둔다. 혼자서 개인 스포츠 경기에서 이기려면 많은 체력이 필요하다! 팀 스포츠의 예로는 축구가 있고 반면에 개인 스포츠의 예는 무술을 들 수 있다.

**문제 해설** 팀 스포츠에서는 모든 팀원들이 승리의 영광을 나누는 반면 개인 스포츠는 선수가 그 영광을 가진다. (팀 스포츠에서 승리의 영광은 모든 멤버들에게 돌아가는 반면 개인 스포츠에서는 그 공로가 한 선수에게 돌아간다.)

**서술형 문제 해설** 앞 문장과 뒤 문장의 의미가 대조적이다.

## 1 ③    2 better

**해석** 믿거나 말거나 운석은 꽤 규칙적으로 달과 충돌한다. 대부분의 운석은 작지만 일부는 커서 달에 거대한 분화구를 남긴다. 지구는 달보다 운석으로부터 더 잘 보호되는데 이는 지구가 두꺼운 대기로 싸여 있기 때문이다. 운석이 달과 충돌할 때 압력이 너무 커서 생긴 열은 실제로 달의 일부 암석을 녹이고 나머지를 작은 돌파편으로 우주에 날려 보낸다. 사실 많은 사람들은 큰 운석이 지구와 충돌한 후 궤도로 튕겨져 나오면서 달이 생겼다고 믿는다. 무섭게 들리겠지만 너무 걱정 마라. 오늘날의 과학자들은 하늘을 아주 잘 관찰하기에 운석의 도착을 한참 미리 예측할 수 있고 어떤 예방책이 필요한지 결정할 수 있을 것이다.

**문제 해설** 운석이 달과 충돌하면 압력에서 생기는 열이 달의 암석을 녹여 분화구를 만든다. (운석이 달과 충돌하면 압력으로부터의 열이 암석을 녹여 표면에 큰 <u>분화구</u>를 만든다.)

**서술형 문제 해설** 달보다 지구가 더 잘 보호된다는 의미이며 또한 뒤에 than이 있으므로 well의 비교급이 필요하다.

| | | |
|---|---|---|
| 1 fuel | 2 increase | 3 giant |
| 4 noticeable | 5 overweight | 6 predict |
| 7 weird | 8 skinny | 9 inactive |
| 10 metabolism | 11 caffeine | 12 melt |
| 13 ② | | |

**해석** 1 가솔린은 에너지를 위한 가장 흔한 연료이다.

2 카페인은 우리의 뇌 기능을 증진시켜줄 것이다.

3 그는 다른 은하를 보기 위해 거대한 망원경을 샀다.

4 내 목표와 그녀의 목표 사이에 차이는 뚜렷하다.

5 너는 과체중이 되지 않기 위해 식단을 조절해야 한다.

6 아무도 미래에 무슨 일이 일어날지 예측할 수 없다.

7 치다 : 치다 = 이상한 : 이상한

8 거대한 : 작은 = 과체중의 : 날씬한

9 의식하는 : 의식하지 못하는 = 활동적인 : 비활동적인

10 유기체의 몸에서 에너지가 생산되는 과정

11 커피에서 발견되는 당신을 더 활동적으로 만드는 화학 물질

12 보통 열에 의해 고체를 액체로 바꾸다

13 방은 사전에 예약되었다.

# Unit **04** 글의 목적 및 종류

## Example ③      p.33

**해석** 알파 항공사에게

저는 이틀 전에 항공기에서 지갑을 잃어버려서 이 이메일을 쓰고 있습니다. 로스앤젤레스 국제공항에서 743 항공기에 탑승했을 때 분명 지갑을 가지고 있었던 것을 기억합니다. 그러나 화장실에 가다가 어딘가에 떨어뜨렸나 봅니다. 저는 보통 신용카드로 돈을 지불하고 그건 다른 핸드백에 보관합니다. 그래서 택시 요금을 현찰로 내야 할 때까지 잃어버린 것을 몰랐습니다. 지갑은 보라색 가죽으로 그 안에 명함과 약간의 현찰이 들어 있습니다. 제 지갑을 찾으시면 010-357-0101로 연락 주시기 바랍니다. 감사합니다.

### ✄ PRACTICE

1 **1** ③    **2** (a) not   (b) but

2 **1** ②    **2** they, were

3 **1** ⑤    **2** Someone who change other people's lives for the better

4 **1** ②    **2** How infectious kindness can be!

장문 독해 **1** ⑤    **2** were waiting

### PRACTICE 1      p.34

**1** ③    **2** (a) not   (b) but

**해석** 당신은 친구의 성공에 대해 시기해본 적 있는가? 형제나 심지어 공인을 질투한 적은 있는가? 시기나 부러움은 부족하고 인정받지 못한다는 기분에서 오는 감정이다. 때로 이런 감정들은 자신을 향상시키는 원동력이 될 수도 있지만 다른 때는 파괴적이고 건강에 안 좋을 수 있다. 이런 부정적인 감정에 대처하는 좋은 방법은 자신의 성공을 다른 사람들의 인정에 의해 평가하는 것이 아니라 과거의 자신과 비교해서 얼마나 자신이 향상되었는가에 의해 판단하는 것이다. 세계적으로 가장 혁신적인 사상가들이 이런 식으로 성공했다는 것을 명심하라.

**문제 해설** 시기심이라는 부정적인 감정에 대처하는 방법을 설명하고 있다.

**서술형 문제 해설** 문맥상 'A가 아니라 B'라는 의미를 나타내야 하므로 적절한 상관접속사는 'not A but B'이다.

### PRACTICE 2      p.35

**1** ②    **2** they, were

**해석** Tutankhamun은 이집트의 유명한 소년 왕이었다. 그의 마스크는 1924년 발견되어 박물관으로 보내졌다. 이집트의 마스크들은 턱수염을 가지고 있었다. 그러나 Tutankhamun의 턱수염은 마스크에 붙어 있지 않았다. 사람들은 1941년 풀을 사용하여 마스크에 턱수염을 붙였다. 시간이 지나감에 따라 풀은 약해졌고, 2014년 턱수염이 다시 떨어졌다. 박물관 직원이 전시 케이스 안에 조명을 갈다가 마스크를 만졌을 때 그런 일이 일어났다. 그들은 턱수염을 다시 붙였지만 완벽하지 않았다. 사람들은 턱 주위에서 풀을 볼 수 있었기 때문이다. 몇몇 사람들은 마

스크의 이미지를 인터넷에 올렸다. 박물관 직원들은 마스크를 제대로 고쳐야 했다. 그 마스크를 수리하는 데 9주가 걸렸고, 이제 여러분은 이집트 박물관에서 그것을 볼 수 있다.

**문제 해설** Tutankhamun이 발굴되었을 때 마스크에 수염이 붙어있지 않았다는 이야기이다.

**서술형 문제 해설** 시간, 조건 등의 부사절에서는 '주어+be동사'를 생략할 수 있다.

## PRACTICE 3 p.36

**1** ⑤ **2** Someone who change other people's lives for the better

**해석** 당신의 영웅은 누구인가? 일부 사람들은 그들의 영웅이 역사적 인물이라고 말하는 반면 다른 사람들은 부모님이나 친구들 같은 그들이 아는 누군가라고 말한다. 많은 어린아이들에게 영웅은 초능력 혹은 세상을 구할 능력을 가진 사람의 이미지이다. 그러나 진정한 영웅은 날 수 있거나 손가락에서 거미줄을 쏘는 누군가가 아니라 오히려 다른 사람들의 삶을 더 낫게 바꾸는 누군가이다. 소방관이나 교사가 그런 영웅들이다. 오늘 잠시 우리 주위에 있는 영웅들에게 감사할 시간을 갖자.

**문제 해설** 영웅의 이미지는 일반인이 아니지만 진정한 영웅은 우리 곁에서 찾아볼 수 있는 일반인으로 우리 삶을 더 낫게 변화시키는 사람들이라는 이야기이다.

**서술형 문제 해설** 초능력을 가진 사람이 아니라 다른 사람의 삶을 더 낫게 변화시키는 사람이 진정한 영웅이라고 설명한다.

## PRACTICE 4 p.37

**1** ② **2** How infectious kindness can be!

**해석** Thomas라는 이름의 고객이 동네 커피숍에 들어와서 작은 사이즈의 커피를 주문했다. 그가 놀랍게도 계산대 직원은 "손님보다 먼저 누군가가 손님의 커피를 이미 계산했어요."라고 대답했다. 이 무작위의 낯선 사람은 미리 그의 커피를 계산해서 다음 손님의 하루를 밝혀준 것이다. 이런 무작위의 친절한 행동에 크게 감동을 받아서 Thomas도 미리 누군가의 커피를 계산하기로 결심했다. 이것은 손님들이 다음 사람을 위해 미리 계산해주는 연쇄반응을 일으켰고 3시간 동안 228명의 손님들에게 계속되었다. 친절한 행동은 정말로 전염성이 강하다.

**문제 해설** Thomas가 이름 모를 낯선 이에게 친절함을 선물 받고 그 친절함을 계속 전파하는 경위를 보여준다.

**서술형 문제 해설** 주어를 빼고 명사가 없는 문장이므로 "How + 형/부 + 주어 + 동사"의 감탄문을 만든다.

장문 독해 p.38

**1** ⑤ **2** were waiting

**해석** 너무 많은 차가 주변에 있기 전에 지어진 아파트 단지의 경우 주차는 심각한 문제가 되었다. 빽빽이 늘어선 차로 가득 찬 아파트 빌딩 간의 공간이 사람들이 운전을 할 공간을 거의 남겨 놓지 않는다. 이것은 모든 사람의 기분을 망치는 날로 이어질 수 있다. 여기에 한 예가 있다. 어느 날 그런 아파트 단지의 한 주민이 주차장의 한 가운데서 병목 지역을 만났다. 일렬의 차들이 반대 방향에서 나가려고 기다리고 있었고, 점점 더 많은 차들이 줄을 서기 시작하면서 그들은 양보할 곳이 없었다. 그들이 교통체증을 해소하는 데는 30분 이상이 걸렸고 경비원이 도왔다. 그 주민은 "이런 게 나를 포함한 주민들에게 일상적인 스트레스의 원인이에요. 그냥 버스를 타고 다녀야겠어요."라고 말했다.

**문제 해설** 오래된 아파트는 주차 공간이 협소해서 주민들의 일상적 스트레스가 되고 있다는 내용이다.

**서술형 문제 해설** 과거 진행 시제를 써야 하므로 were -ing를 사용한다.

### Word Check p.39

| | | |
|---|---|---|
| 1 jealous | 2 reply | 3 improve |
| 4 approval | 5 historic | 6 random |
| 7 navigation | 8 jealous | 9 customer |
| 10 infectious | 11 order | 12 opposite |
| 13 ② | | |

**해석** 1 Helen은 자기 언니를 시킨다.
2 그는 그녀의 인사에 응답하지 않았다.
3 그 분야에서 너의 기술을 향상시키는 것이 중요하다.
4 그녀는 선생님으로부터 인정을 받기를 간절히 원했다.
5 우리는 수업 시간에 중요한 역사적 사건을 외운다.
6 방은 무작위로 배정된다.
7 승인하다 : 승인 = 항해하다 : 항해
8 향상시키다 : 향상시키다 = 시기하는 : 시기하는
9 의사 : 환자 = 계산대 직원 : 손님
10 한 사람에게서 다른 사람으로 퍼지는 경향이 있는
11 무언가가 배달되도록 요청하다
12 다른 쪽을 향해 있는
13 이 모든 문제를 처리하는 것은 거의 불가능하다.

## Unit 05 지칭 추론 및 빈칸 추론 (1)

### Example ② p.41

**해석** 건강한 식단은 당신의 전반적인 건강에 필수적 요소이지만 식단의 "건강한" 부분은 까다로운 문제일 수 있다. 이는 옛말에 이르듯이 어떤 사람에게 약이 다른 누군가에게는 독이 될 수도 있기 때문이다. 예를 들어, 당신이 젖당에 민감하다면 우유나 요거트와 같은 유제품을 먹지 말아야 한다. 당신이 밀에 알러지가 있다면 빵이나 크래커와 같은 밀가루 제품을 먹지 말아야 한다. 당신이 만약 고기를 소화시키는 게 힘들다면 고기를 피하고 다른 단백질 원천을 찾아야 한다.

**문제 해설** ① 어려운 결정 ② 까다로운 문제 ③ 의사의 선택 ④ 누구의 미스터리도 아닌 ⑤ 상식

**1** 1 ③　2 they are
**2** 1 ①　2 into
**3** 1 ②　2 who are
**4** 1 ②　2 What is the coral reef made of?
**장문 독해** 1 ④　2 for itself

---

## PRACTICE 1
p.42

**1** ③　**2** they are

**해석** 우리 세대는 놀랄 만큼 스마트폰에 의존하고 있다. 우리는 스마트폰을 가지고 걷고, 자고, 먹고 공부한다. 우리는 거의 그것과 분리될 수 없다. 그래서 우리는 젊은이들이 주변은 신경 쓰지 않고 휴대전화로 큰 소리로 수다를 떠는 것을 자주 본다. 이것은 그들이 전화에 너무 몰입해서 자신의 행동이 다른 사람들에게 어떤 영향을 미치는지에 대한 관점을 상실하게 되기 때문이다. 이것은 도서관이나 직장과 같은 장소나 혹은 버스나 지하철과 같은 대중교통에서 문제를 일으킬 수 있다. 이런 장소에서는 모든 사람들이 다른 사람을 존중하고 조용히 하거나 이야기 할 때 소리를 낮춰야 한다.

**문제 해설** 통화에 너무 몰입한 나머지 자신의 행동이 타인에게 어떤 영향을 미치는지 인식하지 못한다는 내용이다. ① 더 인식하다 ② 염두에 두다 ③ 관점을 상실하다 ④ 무시할 필요 없다 ⑤ 아주 잘 안다

**서술형 문제 해설** 시간의 부사절에서는 주어와 be동사를 함께 생략할 수 있다.

---

## PRACTICE 2
p.43

**1** ①　**2** into

**해석** 파랄림픽은 신체적 혹은 지적 장애를 가진 운동선수들을 위한 다양한 스포츠로 구성된 국제경기이다. 파랄림픽을 주관하는 위원회가 있는데, 이는 국제 장애인올림픽 위원회(IPC)라고 부른다. 파랄림픽은 올림픽이 끝나고 열리기에 하계경기와 동계경기가 모두 있다. 파랄림픽의 각각의 종목에는 뇌성마비, 절단 수술을 받은 선수, 시각 장애인 등 운동선수들이 분류되는 범주가 있다. 그래서 같은 장애를 가진 선수들이 같은 종목에서 경쟁한다. 이런 범주는 스포츠에 따라 하부 범주들로 나뉘기도 한다.

**문제 해설** 파랄림픽 종목이 각각 장애에 따라 분류되는 범주가 있다고 했으므로 같은 장애를 가진 선수들이 같은 종목에서 경쟁한다는 의미가 된다. ① 같은 장애를 가진 ② 비슷한 나이의 ③ 같은 성별의 ④ 같은 대륙 출신의 ⑤ 같은 신념을 가진

**서술형 문제 해설** '나누다. 분류하다'의 의미를 가진 동사들은 into와 함께 쓰인다. (be divided into ~로 나뉘다. be classified into ~로 분류되다)

---

## PRACTICE 3
p.44

**1** ②　**2** who are

**해석** 일본 정부에 의해 역사를 왜곡하려는 꾸준한 노력이 있어왔다. 그들은 20세기 일본에서 일어난 일에 대한 왜곡된 내용으로 차세대 학생들을 교육하고자 노력했다. 이러한 노력은 그들의 역사 교과서에 잘 나

와 있는데, 교과서에서는 폭력적인 과거를 은폐하고 제 2차 세계 대전에서 저지른 전쟁 범죄들을 미화하려고 한다. 예를 들어, 이 교과서에는 위안부 같은 것은 없었다고 말한다. 이것은 완전히 터무니없는데 왜냐하면 그러한 부당한 대우를 받고 그들로부터의 진정한 사과를 요구하는 생존자들이 있기 때문이다. 한국 정부는 일본 정부의 태도를 용인해서는 안되며 그들이 교과서를 즉시 수정할 것을 요구해야 한다.

**문제 해설** 나머지는 일본 정부 관계자를 나타내는 반면 ②의 they는 textbooks를 나타낸다.

**서술형 문제 해설** 「주격 관계대명사 + be동사」는 함께 생략할 수 있다.

---

## PRACTICE 4
p.45

**1** ②　**2** What is the coral reef made of?

**해석** 산호초는 그저 해저에 놓여 있는 화려한 바위처럼 보일지도 모르지만 사실 그것들은 살아 있다. 실제로 산호초는 수백 혹은 수천의 작은 생물체의 서식지이다. 산호초는 탄산칼슘으로 이루어져 있는데 이것은 진주나 달걀 껍질의 성분과 같은 물질이다. 산호초는 수온의 변화나 수질오염의 증가에 의해 영향을 받을 수 있는 아주 취약한 생태계이다. 산호초가 보기엔 아름답고 튼튼한 구조물처럼 보이지만 그것들은 보호되어야 한다.

**문제 해설** 산호초는 수온이나 수질오염에 의해 영향을 받을 수 있으며 튼튼한 구조물로 보이지만 보호해야 한다고 했으므로 아주 취약한 생태계라고 할 수 있다. ① 매우 생산적인 공장이다. ② 매우 취약한 생태계이다. ③ 매우 강한 구조이다. ④ 매우 강한 돌이다. ⑤ 매우 공격적인 식물이다.

**서술형 문제 해설** 탄산칼슘 부분을 묻는 의문문이므로 '산호초는 무엇으로 만들어져 있는가?'라고 물어야 한다.

---

## 장문 독해
p.46

**1** ④　**2** for itself

**해석** 태양은 우리 태양계의 중심이며 지구가 계속 성장하기 위해 필요한 모든 에너지를 제공한다. 태양은 수십억 년 동안 타고 있는 뜨거운 화염 가스로 이루어진 큰 구체이다. 많은 사람들은 태양이 왜 연료를 소진하지 않는지 궁금해한다. 태양은 이미 가지고 있는 연료를 태우면서 스스로 더 많은 연료를 만들기 위해 핵융합이라는 방식을 사용한다. 과학자들은 태양이 이 기술로 앞으로 수십억 년을 더 계속 타오를 것이라고 예상한다. 태양이 지구로부터 9천 3백만 마일 떨어져 있다는 것을 아는가? 그 거리에서 빛의 속도로 달린다고 해도 햇빛이 지구의 표면에 닿으려면 8분 20초가 걸린다! 거리는 별문제로 하더라도, 태양을 방문하는 것은 불가능할 것 같은데 왜냐하면 표면이 섭씨 5,505도이기 때문이다.

**문제 해설** 나머지는 태양을 가리키지만 ④번의 its는 Earth를 가리킨다.

**서술형 문제 해설** 재귀대명사의 관용표현으로 for oneself는 '스스로, 혼자 힘으로'의 뜻으로 쓰인다.

---

### Word Check
p.47

| | | |
|---|---|---|
| 1 consistent | 2 sincere | 3 alive |
| 4 revise | 5 digesting | 6 fragile |
| 7 government | 8 alive | 9 respectful |
| 10 ecosystem | 11 nonsense | 12 apology |
| 13 ⑤ | | |

**해석 1** 우리는 우리 환경을 보호하기 위해 꾸준한 노력이 필요하다.

**2** 그들은 정부로부터 진정한 사과를 원한다.

**3** 피해자는 그들이 발견했을 때 살아 있었다.

**4** 그들은 논문에서 일부 실수를 수정해야 한다.

**5** 그는 어떤 음식들은 소화하는 데 어려움이 있다.

**6** 이 상자에는 깨지기 쉬운 것이 들어 있으니 조심해라.

**7** 교육시키다 : 교육 = 통치하다 : 정부

**8** 작은 : 큰 = 죽은 : 살아 있는

**9** 색깔 : 화려한 = 존중 : 존중하는

**10** 특정 지역에 사는 모든 동식물

**11** 사실이 아니거나 어리석다고 생각되는 것

**12** 미안하다고 말하거나 쓰는 것

**13** 우리는 모든 에너지를 다 소진했다.

---

# Unit 06 지칭 추론 및 빈칸 추론 (2)

## Example ① p.49

**해석** 하이브리드 차는 혁신적인 교통 수단의 한 형태이다. 가솔린이나 디젤로만 동력을 얻기보다는 그것들은 전기로도 동력을 얻는다는 장점이 있다. 하이브리드 차는 마치 휴대 전화처럼 전선을 콘센트에 꽂아서 충전할 수 있다. 하이브리드 차의 배터리는 차를 운전하는 동안 엔진에 의해 충전될 수도 있다. 무엇보다도 이 혁신적인 시스템은 환경에 더 좋은데 종래의 차만큼 대기 중에 이산화탄소를 많이 뿜어내지 않기 때문이다.

### ✕ PRACTICE

**1 1** ⑤ **2** They are commonly recognized by two large front pincher claws and a curled, pointy tail.

**2 1** ③ **2** (a)ddicted, (h)appy

**3 1** ⑤ **2** always is → is always

**4 1** ② **2** be able to

**장문 독해 1** ③ **2** 수면이 뇌가 자신을 재정비하는 유연성이라 부르는 능력에 중요하다는 것이다. 이 능력은 학습과 기억에 관여한다. 그래서 수면을 잃으면 학습과 기억에 문제를 가지게 될 수 있다.

## PRACTICE 1 p.50

**1** ⑤ **2** They are commonly recognized by two large front pincher claws and a curled, pointy tail.

**해석** 전갈은 사실 거미류이며 이것은 그들이 거미와 밀접한 관련이 있다는 의미이다! 전갈은 두 개의 커다란 앞 집게발톱과 굽은 뾰족한 꼬리로 가장 흔히 인식되는 8개 다리를 가진 생물이다. 그들은 몸 안의 뼈가 아니라 몸 주위에 딱딱한 껍질을 가지고 있다. 많은 전갈들이 꼬리에 자기 방어 장치 역할을 하는 독침을 가지고 있다. 그러나 모든 전갈이 위험한 것은 아니다. 요즘 사탕이나 초콜릿과 같은 음식에서 전갈을 보는 것이 드문 일이 아니다. 어떤 전갈은 음료수에서 발견되기도 한다. 놀랍지 않은가?

**문제 해설** 많은 전갈들이 자기 방어 장치로 꼬리에 독침을 가지고 있다고 설명하고 있으므로 자기 방어 장치는 ⑤ 독침이다.

**서술형 문제 해설** 전갈은 두 개의 큰 앞 집게발톱과 굽고 뾰족한 꼬리로 흔히 인식된다고 설명한다.

## PRACTICE 2 p.51

**1** ③ **2** (a)ddicted, (h)appy

**해석** 밤이 늦었는데 당신은 초콜릿이 너무 먹고 싶다. 아마도 당분에 대한 열망으로 밀크셰이크도 먹고 싶을 것이다. 우리는 왜 이런 열망을 가지는가? 배가 고프지 않을 때조차도 음식에 대한 강렬한 욕구를 가질 수 있기 때문에 분명 배고픔으로 인한 것은 아니다. 일부 연구는 포도당 함량이 높은 음식은 행복한 감정을 유발하기 때문에 중독성이 있다는 것을 주장한다. 그래서 당신의 몸은 기분 좋은 감정을 주는 음식을 먹고 싶은 상태가 되는 것이다. 그러나 이런 중독성 있는 음식은 보통 당신의 몸 건강에 좋지 않다는 것을 기억하라.

**문제 해설** 뒤의 문장에서 결과적으로 기분 좋은 감정을 주는 음식을 먹고 싶은 상태가 된다고 말하고 있으므로 기분을 좋게 해준다는 내용이 필요하다. (행복한 감정을 유발한다) ① 당신을 배고프게 만든다 ② 당신을 졸리게 한다 ③ 기분을 행복하게 해준다 ④ 당신이 덜 먹게 만든다 ⑤ 당신을 초조하게 한다

**서술형 문제 해설** 우리의 몸이 우리를 행복하게 만드는 음식에 중독되어 있다는 내용이다.

## PRACTICE 3 p.52

**1** ⑤ **2** always is → is always

**해석** 유로파는 목성의 위성 중 하나이다. 그것은 약 45억 년 정도 되었다고 추정된다. 유로파가 목성의 궤도를 도는 데는 지구 일로 3.5일 걸린다. 그것의 크기는 지구의 달보다 작지만 명왕성보다는 크다. 유로파의 적도 표면 온도는 섭씨 영하 160도를 절대 넘지 않는다. 극지방의 온도는 항상 영하 220도 이하이다. 그것의 얼음으로 된 표면은 태양계의 어떤 다른 위성보다 더 많은 햇빛을 반사하여 유로파를 가장 매력적인 위성 중 하나로 만든다. 과학자들은 표면 아래 바다가 있다고 생각한다. 그들은 유로파가 물을 가지고 있다고 믿어지기 때문에 생명체가 사는 것을 가능하게 할 수 있다고 생각한다.

**문제 해설** 유로파의 표면 아래 바다가 있다고 과학자들이 생각하고 있고 물을 가지고 있다는 것이 이유가 되는 결과가 나와야 한다. (생명체가 사는 것을 가능하게 한다) ① 특별한 궤도를 가지고 있다 ② 지구와 다르다 ③ 중력이 크다 ④ 가장 밝은 위성이다 ⑤ 생명체가 사는 것을 가능하게 한다

**서술형 문제 해설** 빈도부사의 위치는 조동사, be동사 뒤 그리고 일반동사 앞이다.

**1** ②    **2** be able to

**해석** 서예는 글쓰기의 기술이다. 이것은 글씨와 글씨의 구성의 시각적인 면과 디자인 면에 관계된 것이다. 이것의 예술적인 측면 때문에 서예는 청첩장, 컴퓨터의 글씨체, 로고 디자인과 같은 분야에서 쓰인다. 한국 역사에서 서예는 학자들 사이에서 중요하게 여겨졌다. 훌륭한 학자의 덕목 중 하나가 아름답고 균일하게 보이는 글씨를 쓸 수 있는 것이었다. 서예를 연습할 때 이 학자들은 '문방사우'라는 특별한 문구용품을 사용했는데 이들은 붓, 먹, 종이, 그리고 벼루이다.

**문제 해설** 뒤에 나오는 문장에서 그 구체적인 품목을 나열하고 있으므로 문구용품임을 알 수 있다. (특별한 문구용품을 사용했다) ① 일부 특별한 기술이 필요했다 ② 특별한 문구용품을 사용했다 ③ 중요한 이벤트를 열었다 ④ 어려운 시험을 보았다 ⑤ 자신만의 도구를 만들었다

**서술형 문제 해설** 능력을 나타내는 조동사 can의 다른 표현은 be able to이다.

### 장문 독해      p.54

**1** ③    **2** 수면이 뇌가 자신을 재정비하는 유연성이라 부르는 능력에 중요하다는 것이다. 이 능력은 학습과 기억에 관여한다. 그래서 수면을 잃으면 학습과 기억에 문제를 가지게 될 수 있다.

**해석** 우리는 수면을 정신과 신체가 단순히 일을 그만두는 시간으로 생각한다. 그러나 이것은 사실이 아니다. 수면은 많은 중요한 일들이 일어나는 활동적 기간이다. 그렇다면 우리는 왜 잠을 자는가? 하나의 가능한 학설은 수면이 뇌의 에너지를 복구시킨다는 것이다. 자는 동안 뇌는 단지 반 정도의 포도당만 소비한다. 또 하나의 아이디어는 자는 동안 뇌가 자체 청소한다는 것이다. 뇌는 엄청난 양의 에너지를 소비하기 때문에 많은 폐기물을 만들어낸다. 그래서 우리가 깨어있을 때 만든 독성 물질을 청소할 시간이 필요하다. 그러나 가장 유망한 학설은 수면이 뇌가 자신을 재정비하는 유연성이라 부르는 능력에 중요하다는 것이다. 이 능력은 학습과 기억에 관여한다. 그래서 잠을 못 자면 학습과 기억에 문제를 가지게 될 수 있다.

**문제 해설** 뇌가 많은 양의 에너지를 소비하면서 폐기물을 만들어낸다고 했고 그것을 치울 시간이 필요하다고 했으므로 치우는 대상인 toxic substances가 정답이다.

**서술형 문제 해설** 가장 유망한 이론은 학습과 기억에 관여하는 유연성이라는 능력과 관련된 마지막 이론이다.

---

## Word Check      p.55

| | | |
|---|---|---|
| 1 intense | 2 plug | 3 aspect |
| 4 addictive | 5 poisonous | 6 triggered |
| 7 uncommon | 8 occur | 9 invitation |
| 10 amazing | 11 rise | 12 restore |
| 13 ① | | |

**해석** 1 태양으로부터의 강렬한 열을 견디기는 힘들다.
2 이 코드를 TV 뒤에 꽂기만 하면 된다.
3 음식의 시각적인 면이 점점 더 중요해지고 있다.
4 모바일 게임은 매우 중독성이 있다.
5 모든 뱀이 독성이 있는 것은 아니다.
6 그 사건은 전쟁을 촉발시켰다.
7 건강한 : 건강에 안 좋은 = 흔한 : 드문
8 원하다 : 원하다 = 일어나다 : 일어나다
9 성취하다 : 성취 = 초대하다 : 초대
10 몹시 놀라거나 경탄하게 하는
11 위쪽으로 움직이다
12 이전의 더 나은 상태로 돌아가게 하다
13 나는 점심으로 햄버거를 먹고 싶다.

---

# Unit 07 주장 파악

### Example ③      p.57

**해석** 소금은 우리 음식의 맛을 더 좋게 만들기 위해 자주 사용된다. 소금의 섭취는 현대에 들어 증가했고 과학자들은 소금이 우리 건강에 미치는 영향에 대해 더 자세히 보기 시작했다. 소금은 체내 수분함량의 균형 유지에 관여하고 신경계가 메시지를 전달하는 방식에 역할을 하기 때문에 우리 건강에 필수적이다. 소금은 또한 우리 건강에 부정적인 영향을 미칠 수도 있다. 식단에 너무 많거나 너무 적은 소금은 근육 경련이나 어지럼증으로 이어질 수 있다. 너무 많은 소금을 섭취하는 것과 관련해서도 또한 더 심각한 상황이 있다.

### ✖ PRACTICE

**1** **1** ⑤    **2** greatly
**2** **1** ④    **2** how the wizards could use spells

**3** **1** ②    **2** forgotten
**4** **1** ②    **2** they are
**장문 독해** **1** ⑤    **2** potential astronauts

---

**1** ⑤    **2** greatly

**해석** 세계보건기구에 따르면 전 세계적으로 약 6억 5천만 명의 사람들이 신체 장애를 가지고 살고 있다. 이러한 신체 장애는 삶에서 어려움을 만들 수 있지만 장애인들이 이런 어려움을 극복할 수 있는 많은 방법들이 있다. 사람들은 협력 단체를 찾거나 함께 얘기를 나눌 비슷한 장애를 가진 다른 사람들을 찾을 수 있다. 또한 집이나 사무실을 어떤 장애에도 맞도록 고칠 수 있다. 그렇게 하면 생활과 일을 훨씬 더 쉽게 만들어줄 것이다. 마지막으로, 긍정적인 태도를 유지하는 것이 크게 도움을 준다.

긍정적인 태도를 유지하는 것은 자신이 못하는 일보다는 할 수 있는 일에 초점을 둘 때 더 쉬워진다.

**문제 해설** 신체 장애가 삶에서 어려움을 일으키지만 극복할 수 있다고 역설하며 방법을 제시하고 있다.

**서술형 문제 해설** help라는 동사를 수식하고 있으므로 greatly라는 부사가 되어야 한다.

## PRACTICE 2
p.59

**1** ④    **2** how the wizards could use spells

**해석** 당신은 스파이들이 액션영화에서 사용하는 모든 멋진 장비들에 대해 궁금해한 적이 있는가? 많은 것들이 자기방어 장치들이며 이들은 위험한 상황을 막거나 피하거나 대응하기 위해 사용된다. 마법사들이 해리 포터에서 적들을 무력하게 하는 주문을 어떻게 사용했는지 기억하는가? 자기방어 장비들도 비슷한 기능을 한다. 그들은 다른 사람을 해치기보다는 자신을 지키기 위해 만들어졌다. 그러한 예가 연기구름을 뿜는 장치로 피해자가 가해자의 눈을 피해 달아나게 해준다.

**문제 해설** 자기방어 장비들에 대한 설명을 하면서 남을 해치는 용도가 아닌 자신을 지키기 위한 유용한 수단이라고 설명한다.

**서술형 문제 해설** 간접의문문의 형태는 「의문사+주어+동사」이다.

## PRACTICE 3
p.60

**1** ②    **2** forgotten

**해석** 대부분의 사람들은 인생에서 3세 이전에 일어난 어떤 일도 기억하지 못한다. 이 잊혀진 어린 시절의 기억을 보존하기 위해 일부 가족들이 하는 것은 자라나는 아이들의 스크랩북이나 사진 앨범을 만드는 것이다. 부모가 포착하려고 하는 많은 흔한 순간들에는 아기의 첫 단어, 첫 걸음마, 그리고 아마도 아이가 이를 처음 뽑았을 때이다. 부모들은 그런 순간들을 수집하기를 선택할 수도 있고 혹은 아이들이 혼자서 만들도록 아이들에게 그것을 넘겨줄 수도 있다.

**문제 해설** 아이들의 3세 이전의 기억을 보존하기 위해 부모가 하는 일이 스크랩북이나 앨범을 만드는 것이라고 말한다.

**서술형 문제 해설** childhood memories를 수식하는 형용사가 필요하므로 분사로 만들어야 하며 memories(기억)는 잊혀지는 것이므로 수동의 의미를 가지는 과거분사를 쓴다.

## PRACTICE 4
p.61

**1** ②    **2** they are

**해석** 당신이 사춘기를 겪고 있는 십 대라면 얼굴에 여드름이 있을 가능성이 꽤 있다. 이런 짜증 나는 빨간 종기는 과다한 얼굴 기름, 먼지, 혹은 박테리아에 의해 모공이 막혀서 생긴다. 그것들은 종종 가렵거나 아프고 긁으면 상처를 남길 수 있다. 여드름의 수를 줄이는 가장 효과적인 방법 중 하나는 매일 따뜻한 물과 비누로 세수를 하는 것이다. 이것이 대부분의 세균과 과다한 기름이 얼굴에 생기지 않게 해주어 얼굴이 발진에 덜 취약하도록 해준다. 게다가 여드름 피부용 얼굴 세안제를 쓰는 것도 도움이 될 수 있다.

**문제 해설** 사춘기의 십 대들이 겪는 짜증 나는 여드름을 줄이는 방법을 설명한다.

**서술형 문제 해설** 시간이나 조건의 부사절에서는 「주어 + be동사」를 생략할 수 있다.

## 장문 독해
p.62

**1** ⑤    **2** potential astronauts

**해석** 많은 어린이들이 자라서 우주비행사가 되고 싶어 한다. 우주비행사가 되는 데는 많은 노력과 훈련이 필요하지만 그것은 누군가가 가질 수 있는 가장 놀라운 직업 중 하나이다. 우주비행사가 되고 싶은 아이들은 종종 우주 캠프에 가기도 하고, 수학이나 물리학과 같은 분야를 공부하기도 한다. 똑똑한 것 이외에도 미래의 우주비행사들은 많은 신체훈련이 필요하다. 그들은 지구에서 사람들이 익숙해져 있는 중력보다 훨씬 더 높은 그리고 훨씬 더 낮은 중력을 견딜 수 있어야 한다. 우주선을 타고 날거나 궤도로 발사되는 것은 아주 메스꺼울 수 있다. 그래서 우주비행사들은 아주 좋은 신체적, 정신적 상태로 있는 것이 필요하다. 우주비행사에게 요구되는 일이 과도하게 보일지 모르지만 우주 공간을 여행하는 것은 매우 보람된 경험이다. 우주비행사들은 지구 궤도를 돌 수도 있고 달로 여행을 갈 수도 있으며 언젠가는 심지어 화성을 탐사할 수도 있다.

**문제 해설** 많은 어린이들이 우주비행사를 꿈꾸고 있지만 우주비행사가 되려면 많은 힘든 훈련이 필요하다. 하지만 동시에 매우 보람된 경험이기도 하다.

**서술형 문제 해설** 앞 문장의 주어인 장래에 우주비행사가 될 사람들을 받는다.

## Word Check
p.63

| | | |
|---|---|---|
| 1 numerous | 2 prevented | 3 released |
| 4 conquer | 5 function | 6 opponent |
| 7 perhaps | 8 effective | 9 victim |
| 10 excess | 11 planet | 12 preserve |
| 13 ③ | | |

**해석 1** 생명이 어떻게 시작되었는지에 대한 많은 이론이 있다.
**2** 햇빛이 그가 눈을 못 뜨게 했다.
**3** 그의 새로운 영화가 다음 주에 개봉될 것이다.
**4** 건강한 식습관은 거의 모든 질병을 정복할 수 있다.
**5** 그 시스템은 우리가 예상했던 것만큼 기능을 잘하지 못했다.
**6** 그는 첫 라운드에서 그의 적수를 이겼다.
**7** 고치다 : 수리하다 = 아마도 : 아마도
**8** 얼굴 : 얼굴의 = 효과 : 효과적인
**9** 신체적인 : 정신적인 = 가해자 : 피해자
**10** 필요한 것보다 더 많은
**11** 항성 주위를 도는 천체
**12** 변하지 않게 유지하다
**13** 어린이들은 모든 어려움을 혼자 겪도록 남겨져서는 안된다.

## Example ⑤
p.65

**해석** 사람들이 야생물의 자연서식지를 계속해서 방해하면서 더 많은 종들이 매일 멸종 위기에 처하고 있다. 이것은 먹이사슬의 균형이 깨지고 있고 야생물의 다양성이 파괴되고 있다는 것을 의미한다. 이것은 또한 우리 인간도 영향을 받아 결국 취약해질 것이라는 의미이기도 하다. 그래서 전 세계에 많은 환경단체들이 있는 것이다. 그들의 임무는 이런 자연의 꼭 필요한 요소들을 구하는 임무를 띤 세계자연보호기금이나 미국 어류 및 야생 생물국의 멸종 위기종 프로그램과 같은 것이다. 이런 단체들은 생물 다양성의 중요성에 대한 인식을 증가시키려고 노력하고 멸종 위기의 종들의 서식지를 보호한다.

---

## ✕ PRACTICE

1 1③ **2** including
2 1② **2** a (large) number of
3 1② **2** Not only does it benefit you
4 1④ **2** for you to feel that way
장문 독해 1③ **2** however

---

## PRACTICE 1
p.66

1③ **2** including

**해석** 여러분이 "곰팡이"라는 말을 들으면 지하실에서나 발견하는 역겨운 곰팡이를 생각하겠지만, 곰팡이는 사실 훨씬 그 이상이다. 무엇보다도 버섯이 곰팡이의 한 종류이며 버섯은 많은 요리에서 널리 쓰이는 재료이다. 게다가 곰팡이는 지난 세기에 제약산업에서 아주 중요한 역할을 했다. 페니실린을 포함해서 20가지 가장 수익성 있는 약 중에서 10가지가 그것들을 생산하는 데 곰팡이를 사용했다. 이런 이로운 약의 원천은 또한 생화학 기술에서 아주 유용하며 지금도 여전히 많은 연구 프로젝트에서 사용되고 있다.
**문제 해설** 앞 문장에서 수익성 있는 신약 생산에 반 정도가 곰팡이를 사용한다고 설명한다.
**서술형 문제 해설** '～을 포함하여'라는 의미의 분사를 써야 한다.

## PRACTICE 2
p.67

1② **2** a (large) number of

**해석** Andy Warhol은 세계적으로 유명한 미국의 팝 아티스트이다. 그는 Campbell 수프 캔을 그린 작품으로 가장 잘 알려져 있다. 그는 펜실베이니아주의 피츠버그에서 태어났으며 그곳은 그를 기념하여 후에 Andy Warhol 박물관이 세워진 도시이다. Andy Warhol은 종종 논란이 많은 인물이었는데 그는 예술의 상업적 측면에 대해 솔직하게 생각을 이야기했다. 일부 사람들은 그가 너무 피상적이라며 그의 예술에 대한 태도 때문에 그를 비판했다. 그럼에도 그의 작품은 획기적이며 혁신적이라고 여겨졌으며 그의 예술 세계는 여전히 대단히 귀중하게 여겨진다. 그는 팝문화의 아이콘으로 여겨지며 그에게 영감을 얻은 많은 영화와 책들이 만들어졌다.
**문제 해설** 어구의 앞 문장에 그가 예술의 상업적 측면에 대해 솔직한 생각을 말했다고 하며 일부는 그것 때문에 그가 피상적이라고 비난했다고 말한다.
**서술형 문제 해설** a great deal of + 셀 수 없는 명사(많은 양의 ～) / a (large) number of + 셀 수 있는 명사(많은 수의 ～)

---

## PRACTICE 3
p.68

1② **2** Not only does it benefit you

**해석** 오늘 웃었는가? 어제나 그 전날은? 웃음은 최고의 명약이라고 사람들은 말한다. 그것은 스트레스와 고통을 경감시켜주고 뇌에서 엔도르핀을 생성하며 면역체계까지 강화시켜준다. 그것은 당신뿐 아니라 당신의 주위에 있는 사람들에게도 혜택을 준다. 웃음은 전염성이 있어서 종종 다른 사람들이 당신과 함께 미소 짓거나 웃게 만들어서 당신 주위의 환경이 더 행복하고 더 즐겁게 만들어준다. 그러니 오늘 자신에게 이 천연 비타민을 주는 건 어떨까? 그것은 당신의 하루와 다른 사람의 하루도 행복하게 만들 수 있다.
**문제 해설** 웃음이 건강을 증진시키며 하루를 행복하게 하는 천연 비타민이라는 설명이다.
**서술형 문제 해설** 주어가 아닌 부정어구가 앞에 나오면 주어와 동사가 도치된다.

---

## PRACTICE 4
p.69

1④ **2** for you to feel that way

**해석** 사랑하는 사람을 잃은 뒤에 겪는 감정적 스트레스는 파괴적일 수 있다. 식욕 상실, 심각한 감정의 기복, 만성 우울증이 모두 사랑하는 사람을 잃고 나서 생기는 슬픔의 흔한 증상들이다. 이러한 감정에 대처하는 가장 좋은 방법은 그 슬픔을 견디며 사는 것이며 그렇게 느끼는 것이 자연스럽고 건강하다는 것을 아는 것이다. 다른 가족이나 친구들에게서 도움을 구하는 것은 나약함의 표시가 아니라는 것을 자신에게 상기시켜라. 자신의 취약함에 솔직할 수 있는 것은 많은 용기가 필요하다.
**문제 해설** 사랑하는 사람을 잃은 뒤의 감정적 스트레스를 이기는 방법을 제시하고 있다.
**서술형 문제 해설** it이 가주어이므로 진주어로 to부정사를 쓰고 그 앞에 의미상 주어 for you를 쓴다.

---

## 장문 독해
p.70

1③ **2** however

**해석** 1970년대 3M사의 직원이었던 Arthur Fry는 자신의 교회 책자의 표면에 잘 붙어 있으면서도 쉽게 떨어지는 책갈피를 찾고 있었다. 그러다가 그는 Spencer Silver라는 한 동료에 의해 발명된 강력 접착제에 대한 시도가 실패했다는 이야기를 들었다. 그 접착제는 힘이 가해지면 표면에 붙어있을 만큼 강력하지는 않고 잔여물을 남기지 않고 떨어졌다. 그러나 유용해 보였던 한 가지는 접착제가 다시 붙이면 다른 표면에 여전히 붙는다는 것이었다. Arthur Fry는 이 완벽하지 못한 발명품에 영감을 받았고 이 접착제를 종이의 끝에만 발라서 그가 원했던 책갈피를 만들기로 결심했다. 이것이 나중에 오늘날 가장 인기 있는 사무용품 중 하나인 포스트잇으로 알려지게 된 것이었다.

**문제 해설** 실패한 강력 접착제에 영감을 받아 포스트잇을 만들었다.

**서술형 문제 해설** 앞 문장에서는 실패한 사례를 말하지만 연결사 뒤의 문장에서는 유용한 점을 말하고 있다.

---

## Word Check                                                    p.71

1 emotional      2 colleagues      3 appetite
4 relieve        5 ingredient      6 popular
7 valuable       8 grief           9 beneficial
10 bookmark      11 depression     12 cheerful
13 ③

---

## Unit 09 함축적 의미 및 중의 추론 (2)

### Example ①                                                    p.73

**해석** 우리 몸의 70%가 물로 이루어져 있기에 우리가 마시는 것이 바로 우리 자신이라고 얘기하는 것은 과장이 아니다. 깨끗한 식수가 없으면 우리는 빨리 시들어버릴 것이다. 전 세계의 많은 사람들이 식수의 부족으로 고통받는다. 이들 나라에서는 수천의 사람들이 매일 갈증과 그로 인한 질병 때문에 사망한다. 전 세계적으로 대략 12억 이상의 사람들이 마실 수 있는 물을 구하지 못한다고 추산된다. UN은 그 수를 반으로 줄이는 것을 새천년 개발 목표 중 하나로 만들었다.

### ✕ PRACTICE

1  1 ②     2 between
2  1 ③     2 threatened
3  1 ④     2 After[after]
4  1 ⑤     2 taking, developing, and editing
장문 독해  1 ②   2 as moisture allows bacteria to thrive on the skin

### PRACTICE 1                                                   p.74

1 ②     2 between

**해석** 한국전쟁으로 한국이 두 나라로 나뉘어진 이후에 전쟁 동안 분리된 많은 가족들이 이러한 비극적인 상황으로 남아 있으면서 서로에 대한 소식도 듣지 못하고 서로 만날 수도 없었다. 이 가족들은 그들의 부모와 형제들과 상봉하기 위해 그들의 슬픔과 절실함을 호소했다. 남북한 사이에 최초의 이산가족 상봉은 1985년에 일어났고 그 이후에 두 정부가 주관한 가족 상봉이 몇 차례 더 있어왔다. 이 가족들이 서로를 그리워하며 겪었음에 틀림없을 슬픔을 상상하는 것은 정말 가슴이 아프다.

**문제 해설** 비극적인 상황은 한국이 두 나라로 분리되어 많은 가족들이 서로 오랫동안 만나지 못한 것을 말한다.

**서술형 문제 해설** '남북한 사이에'라는 의미가 되어야 하며 '둘 사이에'의 의미를 가지는 전치사는 between이다.

### PRACTICE 2                                                   p.75

1 ③     2 threatened

**해석** "possum"이라고도 종종 불리는 주머니쥐는 유대류의 한 종류로 평균 크기가 76센티미터 정도이다. 그들은 풀과 과일에서 곤충과 심지어는 닭에 이르는 먹이를 찾아다닌다. 그들은 쓰레기통 근처나 자동차에 치여 죽은 채로 발견된다. 주머니쥐는 "죽은 척 하기"라고 불리는 흥미로운 행동으로 알려져 있는데, 이는 목적 없이 허공을 응시하며 혀를 내놓고 죽은 척하는 놀이이다. 그들은 더 큰 동물이나 심지어 다른 주머니쥐에 의해 위협받는다고 느낄 때 이런 행동을 보인다. 이 기술은 적이 자신을 죽였다고 생각하게끔 속이게 해주어 탈출할 수 있도록 돕는다.

**문제 해설** "죽은 척 하기"를 뒤에서 관계대명사 which를 써서 다시 한 번 설명하고 있다.

**서술형 문제 해설** 주머니쥐가 위협을 느끼는 것이므로 수동의 의미인 과거분사를 쓴다.

### PRACTICE 3                                                   p.76

1 ④     2 After[after]

**해석** 그리스 신화의 등장인물인 Narcissus는 강의 신 아버지와 요정인 어머니 사이에서 태어난 사냥꾼이었다. 어느 날 그는 연못가로 가서 자신이 비친 모습을 보고 그것이 자신의 모습인 줄 모르는 채 무기력하게 그와 사랑에 빠졌다. Narcissus는 비친 모습을 떠날 수 없었고 그 물가에서 죽었다. 그의 죽음 이후에 꽃 한 송이가 그가 죽은 자리에서 피어났다고 하며 그의 이름을 따서 이름을 지었다. 이 꽃은 물가 쪽으로 자

**해석** 1 사람들은 운동의 정서적 장점을 깨닫기 시작했다.
2 그는 직장 동료 중 한 명이다.
3 나는 영화를 본 후 식욕을 잃었다.
4 이 약은 너의 고통을 덜어줄 것이다.
5 이 음식의 주요 재료는 무엇이니?
6 야구는 미국에서 가장 인기 있는 스포츠 중 하나이다.
7 수익 : 수익이 높은 = 가치 : 가치 있는
8 비난하다 : 비난하다 = 슬픔 : 슬픔
9 사용 : 유용한 = 이익 : 이로운
10 책의 페이지 사이에 끼우는 카드 조각
11 슬프고 아무것도 즐겁지 않은 정신 상태
12 기쁘거나 즐거운
13 게다가 그녀는 더 이상 나의 선생님이 아니다.

라서 그 자신이 비친 모습을 내려다보는 모습이었다. Narcissus는 "자신을 지나치게 사랑한다"는 의미의 나르시시즘의 어원이 되었다.

**문제 해설** 앞의 주어가 꽃이므로 꽃이 자신이 비친 모습을 보는 형상으로 굽어서 자랐다는 의미이다.

**서술형 문제 해설** 그가 죽은 '다음에' 죽은 자리에서 꽃이 피었고 그의 '이름을 따서' 이름을 지었다. (name after: ~의 이름을 따서 이름 짓다)

## PRACTICE 4                                              p.77

**1** ⑤  **2** taking, developing, and editing

**해석** 예술 사진은 사진이 예술의 수단으로 쓰인다는 의미에서 다른 종류의 사진과 구별된다. 다시 말하면 사진사의 카메라가 화가의 물감 팔레트와 비슷하다는 것이다. 예술 사진에서는 예술가가 사진을 찍고 현상하고 편집하는 여러 기술을 실험한다. 디지털 편집 기술이 더 정교해짐에 따라 예술가들을 위한 실험의 여지가 더 많이 있다. 가끔 예술가들은 수작업 편집과 디지털 편집을 결합하는데 이는 그들이 사진에 조각상과 같은 특징을 추가하기 위해서 이런 사진들의 물리적 인화물을 수정할 수 있다는 의미이다.

**문제 해설** 디지털 편집 기술의 발달로 예술가들의 실험의 폭이 넓어졌다고 말하면서 그 예로 사진에 없는 조각상을 넣는 예가 나와 있다.

**서술형 문제 해설** 전치사 of의 목적어가 필요하므로 동명사형을 쓴다.

## 장문 독해                                               p.78

**1** ②  **2** as moisture allows bacteria to thrive on the skin

**해석** 감기는 아마도 당신이 만날 수 있는 가장 흔한 감염이다. 보통 사람은 일 년에 2~4번 감기에 걸린다. 그러나 이 불편한 방문객을 피하기 위해 매일 선택할 수 있는 쉬운 방법들이 있다. 단연코 감기를 예방하는 가장 좋은 방법은 잦은 손 씻기이다. 대부분의 세균은 우리의 손을 통해서 우리 몸에 접촉한다. 손을 20에서 30초 동안 따뜻한 물과 비누로 철저히 씻은 후, 비누를 부드럽게 씻어내라. 손을 완전히 말리는 것 또한 세

균으로부터 또 하나의 보호 층을 추가하는 것인데 왜냐하면 습기는 박테리아가 피부에서 잘 자라도록 하기 때문이다. 감기를 예방하기 위해 취할 수 있는 또 다른 방법은 비타민 C와 아연 보충제를 먹는 것이다. 둘다 우리의 면역 체계를 증진시키는 데 도움이 되고 약국에서 손쉽게 구입할 수 있다.

**문제 해설** 앞에서 사람들이 일 년에 2~4번씩 걸리는 감기에 대한 얘기가 나왔기 때문에 감기를 피하기 위해 취할 수 있는 조치가 나와야 한다.

**서술형 문제 해설** as는 접속사이므로 맨 앞에 위치하며 allow는 「allow + 목적어 + to부정사」의 어순으로 쓰인다.

### Word Check                                            p.79

| | | |
|---|---|---|
| 1 available | 2 Root | 3 character |
| 4 remain | 5 staring | 6 average |
| 7 reflection | 8 insect | 9 inconvenient |
| 10 germ | 11 frequent | 12 enemy |
| 13 ④ | | |

**해석** 1 이용 가능한 티켓이 조금밖에 없다.
2 뿌리채소는 건강에 좋다.
3 그는 책에서 주요 등장인물이 아니다.
4 비상시에 침착함을 유지하는 것은 어렵다.
5 그녀는 화난 얼굴로 나를 째려보고 있었다.
6 한국 남자들의 평균 수명은 78세 이상이다.
7 감염시키다 : 감염 = 반사하다 : 반사
8 혀 : 신체 = 개미 : 곤충
9 도움이 되는 : 무기력한 = 편리한 : 불편한
10 질병을 일으키는 아주 작은 생명체
11 꽤 자주 일어나는
12 당신을 싫어하고 해를 가하려는 누군가
13 너는 어젯밤에 무슨 일이 일어났는지 믿지 못할 것이다.

## Unit 10 속담, 격언 추론

### Example ⑤                                            p.81

**해석** 오래 전에 한 젊은이가 살았다. 그는 한 작은 목장에서 양떼를 치며 부모님을 도왔다. 어느 날, 그는 말에서 떨어져서 다리가 부러졌다. 그는 마을 의사에게 보내졌고 의사는 그 소년의 가족에게 그가 남은 평생 동안 목발을 짚고 걸을 것이라고 말했다. 그러던 다음 해, 전쟁이 일어나서 마을의 모든 남자들이 싸우기 위해 소환되었다. 많은 사람들이 죽거나 심한 부상을 입었고 고향으로 돌아오지 못했다. 하지만 그 소년은 안전하게 집에 머물러 있었다.

**문제 해설** ① 모험하지 않으면 아무것도 얻지 못한다. ② 제때 한 땀이 아홉 땀의 수고를 던다. (호미로 막을 데 가래로 막는다.) ③ 먹이 주는 사람의 손을 물지 마라. (은혜를 원수로 갚지 마라.) ④ 아름다움은 가죽 한 꺼풀이다. ⑤ 모든 먹구름에는 한 줄기 빛이 있다. (고생 끝에 낙이 온다.)

### ✕ PRACTICE

**1** 1 ②  **2** writing → to write
**2** 1 ⑤  **2** had saved, could have bought
**3** 1 ②  **2** like
**4** 1 ①  **2** I never asked to be nominated
**장문 독해** 1 ②  **2** I had to write a letter of apology to Mr. Taylor

### PRACTICE 1                                            p.82

**1** ②  **2** writing → to write

**해석** Greg는 써야 할 아주 긴 에세이가 있어서 자기 몫의 집안일을 끝낼 시간이 없었다. 그는 여동생 Jane에게 집안일을 도와달라고 부탁하기로 결심했다. 그녀는 거실에서 TV를 보고 있었다. 그를 도와주는 대신 그녀는 그저 계속 TV를 보았다. 그래서 그는 모든 일을 그 혼자 해야만 했다. 그 다음 주, Jane은 걱정되는 표정으로 집에 돌아왔다. 그녀는 다음 날이 기한인 보고서를 쓰는 것을 잊어버렸다. 그녀는 오빠인 Greg에게 도움을 요청했지만 이번에는 그가 거절하고 TV를 켰다.

**문제 해설** Greg의 여동생 Jane은 자신이 오빠의 부탁을 거절했기에 나중에 비슷한 결과를 얻게 된다. 뿌린 대로 거둔다는 의미의 속담이 필요하다. ① 호랑이가 없는 굴에서 토끼가 왕 노릇 한다. ② 뿌린 대로 거둔다. ③ 세월은 사람을 기다리지 않는다. ④ 모난 돌이 정 맞는다. (튀지 마라.) ⑤ 사랑은 맹목적이다.

**서술형 문제 해설** forget은 뒤에 동명사가 오면 '과거에 했던 일을 잊어버리다'이고 to부정사가 오면 '앞으로 할 일을 잊어버리다'의 의미이다.

## PRACTICE 2                                                         p.83

**1** ⑤   **2** had saved, could have bought

**해석** Tanya와 Nancy는 매주 부모님께 용돈을 받는다. 그들은 원하는 대로 돈을 쓸 수 있다. Tanya는 보통 돈을 받은 즉시 쇼핑을 가서 다 쓰는 반면 Nancy는 거의 모든 돈을 저축한다. 지난주 주말에 그들은 집 근처에 있는 국립공원을 방문했다. 그들이 도착했을 때, 그들은 다양한 흥미로운 물건들이 있는 기념품 가게를 발견했다. Tanya는 사랑스러운 곰돌이를 사고 싶었지만 10달러나 했다. 그리고 물론 그녀는 돈이 하나도 없었다. 반면, Nancy는 멋진 야구 모자 하나를 발견했고 저축한 돈으로 그것을 살 수 있었다.

**문제 해설** Tanya는 받은 용돈을 다 써버려서 나중에 자신이 쓰고 싶은 곳에 쓰지 못했지만 Nancy는 그 돈을 저축해서 나중에 쓰고 싶은 곳에 쓸 수 있었다. ① 어려울 때 친구가 진정한 친구이다. ② 느려도 꾸준히 하면 이긴다. ③ 정직이 최상의 방책이다. ④ 돈은 모든 사악함의 근원이다. ⑤ 한 푼을 아끼면 한 푼을 번 셈이 된다.

**서술형 문제 해설** 과거 사실에 반대를 나타내는 가정법 과거완료 구문을 써야 한다. If S had p.p. ~, S would/could/might have p.p. ~.

## PRACTICE 3                                                         p.84

**1** ②   **2** like

**해석** 두리안은 독특한 열대 과일이다. 그것은 강한 냄새와 특이한 맛으로 유명하다. 그것은 말레이시아, 인도네시아, 그리고 태국과 같은 전 세계 열대지역에서 자란다. 국제 두리안 관광 축제는 말레이시아 Bentong에서 처음 열렸다. 많은 관광객들이 그 과일을 먹으려고 마을을 방문한다. 사람들은 두리안에 대해 상반된 의견을 가지고 있다. 몇몇 사람들은 달콤한 맛을 좋아하는 반면 다른 사람들은 하수도 혹은 썩은 양파 같은 냄새가 나기 때문에 그 냄새를 싫어한다. 사실 그 냄새가 너무 강해서 동남아시아의 호텔과 대중교통에서는 불법이다. 그러나 두리안은 대부분의 과일과 비교해서 영양가가 매우 높다. 그래서 그것이 "과일의 왕"이라고 불리는 것이다.

**문제 해설** 두리안은 이상한 냄새가 나지만 달콤하고 그 안은 영양분으로 가득하다. ① 얕은 지식이 위험하다. ② 겉모습으로 판단하지 마라. ③ 잠이 보약이다. ④ 반짝인다고 다 금은 아니다. ⑤ 지나간 일은 되돌릴

수 없다.

**서술형 문제 해설** smell은 look, feel, taste, sound와 함께 2형식에서 쓰이는 감각동사들이므로 뒤에 형용사 보어를 쓴다. 단, 뒤에 명사가 올 때는 전치사 like를 써야 한다.

## PRACTICE 4                                                         p.85

**1** ①   **2** I never asked to be nominated

**해석** 중학교 때 나는 항상 반장이 되고 싶었다. 그러나 나는 자격이 없다고 생각했기 때문에 후보에 올려달라고 요구하지 않았다. 어떤 선생님도 나를 반장으로 추천하지 않았기 때문에 나의 선생님들도 똑같이 생각하는 것 같았다. 그러던 어느 날 한 졸업생이 그의 대학 생활에 대한 연설을 하기 위해 우리 학교를 방문했다. 그의 연설은 너무 고무적이어서 내가 노력하는 것은 거의 무엇이든 할 수 있을 것 같았다. 그러다 나는 내가 되고 싶은 것을 위해 최선을 다한 적이 없었다는 것을 깨달았다. 그래서 나는 고등학교에 입학했을 때 반장 선거에 출마하기로 결심했고 당선이 되었다.

**문제 해설** 항상 반장이 되고 싶었지만 그것을 위해 한 노력이 없었던 주인공은 후에 연설에 감동을 받아 목표가 있으면 그것을 위해 노력을 해야 한다는 교훈을 얻는다. ① 모험하지 않으면 아무것도 얻지 못한다. ② 무소식이 희소식. ③ 친구보다 적을 가까이 둬라. ④ 연습은 완벽을 만든다. ⑤ 유감스러운 일이 생기기 전에 조심하는 게 낫다.

**서술형 문제 해설** 빈도부사는 일반동사 앞에 위치하며 ask 다음에는 to부정사를 쓴다. 또한 자신은 후보로 지명되는 입장이므로 'be nominated'의 수동태로 쓴다.

## 장문 독해                                                         p.86

**1** ②   **2** I had to write a letter of apology to Mr. Taylor

**해석** 나는 아침에 알람이 울리지 않았을 때 뭔가 나쁜 일이 일어날 것이라는 것을 깨달았다. 처음에는 그렇게 나쁘지 않았는데 왜냐하면 내가 첫 수업에 시간에 맞게 들어갔기 때문이다. 그러나 그것은 시작에 불과했다. 나는 첫 수업인 역사 시간에 보고서를 가져오는 것을 깜박했다. 나는 Taylor 선생님에게 반성문을 써야 했고 다음 날 가져오겠다고 약속했다. 그것 때문에 나는 두 번째 수업에 늦었다. 설상가상으로 나는 체육 시간에 필요한 내 줄넘기를 가져오지 않았다. 나는 Ron에게서 줄넘기를 빌려야 했고 그것은 내가 예상했던 것보다 시간이 더 걸렸다. 나는 또 다시 다음 수업에 늦었다. 게다가 내가 줄넘기를 연습할 때 잘못 착지를 하여 발목을 다쳤다. 나를 도와주는 게 하나도 없는 것 같았다.

**문제 해설** 한 번 나쁜 일이 생기면 몰아서 일어난다는 속담을 찾는다. ① 주전자도 지켜보면 좀체 안 끓는다. (서두른다고 해서 일이 되는 것은 아니다.) ② 비가 온다 하면 폭우다. (불운은 한꺼번에 닥친다.) ③ 인내는 미덕이다. ④ 진실은 항상 밝혀진다. ⑤ 아니 땐 굴뚝에 연기 나랴.

**서술형 문제 해설** 4형식을 3형식으로 바꾸기 위해서는 간접목적어 앞에 전치사를 붙여서 직접목적어 뒤로 보낸다. write는 간접목적어 앞에 전치사 to를 쓴다.

1 share        2 refused       3 apology
4 expect       5 promised      6 due
7 save         8 apology       9 unusual
10 alarm       11 various      12 chore
13 ④

---

해석  1 나는 내 몫의 책임을 지겠다.
2 그녀는 내 조언을 받아들이는 것을 거부했다.
3 Page 선생님은 자신의 학생으로부터 반성문을 받았다.

4 나는 그가 올 것이라고 기대하지 않았다.
5 우리는 함께 일하기로 약속했다.
6 그 보고서는 다음 주 월요일이 기한이다.
7 사다 : 팔다 = 쓰다 : 저축하다
8 말하다 : 연설 = 사과하다 : 사과
9 합법의 : 불법의 = 평범한 : 특이한
10 사람을 잠으로부터 깨우는 데 도움을 주는 장치
11 여러 다른 종류의
12 당신이 해야 하는 주로 따분한 일
13 컴퓨터 좀 켜주겠니?

# Unit 11 문맥에 맞는 어휘, 문법성 판단

## Example ③                                    p.89

해석  한국에서는 요즘 남자가 성형을 하는 것이 점점 더 흔한 일이 되어가고 있다. 대부분의 사람들은 멋진 첫인상을 가져야 하는 중요한 "자산"으로 간주하기 때문이다. 그들은 잘생긴 얼굴을 가지는 것이 그들이 더 나은 직업을 가지게 해주고 결국에는 더 나은 삶을 가지게 해준다고 믿고 있다. 그러나 다른 사람의 마음을 겉모습으로 사로잡는 것이 도움이 된다는 것이 사실일지라도 우리는 "미모는 한 꺼풀에 불과하다"는 사실을 무시하고 있지는 않은가? 우리는 내적인 아름다움보다 신체적 아름다움이 더 중요하다고 여기는 문화와 사회에 대해 깊게 생각해봐야 한다.

## ✕ PRACTICE

1  1 ⑤    2 what kinds of food do they eat
→ what kinds of food they eat
2  1 ④    2 It is a special holiday commemorating
the death of a saint named St. Patrick from
Ireland.
3  1 ④    2 who[that]
4  1 ①    2 keeps
장문 독해  1 ④    2 알지 못하는 열매를 따서 맛을 보는 것

## PRACTICE 1                                   p.90

1 ⑤    2 what kinds of food do they eat → what kinds
of food they eat

해석  세계가 점점 더 연결되면서 이제 다문화 경험을 하는 것이 그 어느 때보다도 더 쉽다. 당신은 아마도 당신의 학교에서 국제학생을 만나서 인사는 어떻게 하는지, 그들은 무슨 종류의 음식을 먹는지 등을 이야기해봤을 것이다. 이것은 다문화 경험의 한 좋은 예이다. 기본적으로 문화적 배경의 어떤 종류의 교류라도 그 예라고 여겨진다. 이런 경험들은 다른 문화를 가진 사람들이 서로 가깝게 느낄 수 있도록 해준다. 다문화

경험은 세계가 하나의 용광로가 됨에 따라 미래에는 오직 더 중요해질 것이다.
문제 해설  감각동사(look, smell, sound, taste, feel)는 뒤에 보어로 형용사만 사용되며 부사는 올 수 없다. (feel closely → feel close)
서술형 문제 해설  간접의문문의 어순은 「의문사 + 주어 + 동사」이다.

## PRACTICE 2                                   p.91

1 ④    2 It is a special holiday commemorating the
death of a saint named St. Patrick from Ireland.

해석  당신이 만약 3월 17일에 미국에 있다면 거리에 모인 초록색 티를 입고 shamrock(세 잎 클로버) 장식을 단 엄청난 사람들을 보게 될 것이다. 티셔츠에는 "키스해 주세요, 난 아일랜드 사람이에요!" 혹은 "행복한 세인트 패트릭의 날이에요!"라는 문구가 쓰여 있을 것이다. 그렇다, 그들은 사실 세인트 패트릭의 날을 기념하고 있다! 그것은 아일랜드 출신의 세인트 패트릭이라는 성인의 죽음을 기념하는 특별한 휴일이다. 이 휴일은 종교적인 휴일로 시작되었으나 세계의 여러 곳에서 아일랜드 문화의 기념행사로 더 알려지게 되었다.
문제 해설  (A) 주어가 다시 목적어로 나왔으므로 재귀대명사 (B) phrases(문구)는 옷에 쓰여지므로 수동의 의미를 나타내는 과거분사 written (C) '~라고 불리는' 것이므로 수동의 의미를 나타내는 과거분사 named
서술형 문제 해설  세인트 패트릭의 날에 대한 정의가 나와 있는 문장이 정답이다.

## PRACTICE 3                                   p.92

1 ④    2 who[that]

해석  VANK는 한국에 대한 잘못된 정보를 바로잡고 또한 세계에 한국을 알리고자 하는 봉사자 "사이버 외교관들"로 구성된 단체이다. VANK는 "한국의 사이버 외교사절단(Voluntary Agency Network of Korea)"을 뜻한다. VANK는 1999년 사이버 펜팔 웹사이트로 시작하여 인터넷 기반의 외교 영역을 점차 확대해 왔다. 오늘날 VANK의 많은 자원 봉사자들은 주요 웹사이트에서 역사적 오류를 바로잡을 뿐 아니라

한국의 문화와 역사를 홍보하기 위한 프로젝트를 진행한다. 그러한 노력이 일본해에서 동해라는 이름을 회복하는 것이다.

**문제 해설** (A) comprise는 타동사이므로 '~로 구성된'의 수동 의미로는 과거분사를 쓴다. (B) want의 주어인 앞의 선행사 diplomats가 복수이므로 복수동사를 쓴다. (C) restore는 문장의 보어로 동명사인 restoring을 쓴다.

**서술형 문제 해설** 선행사가 사람이므로 주격 관계대명사 who 또는 that을 쓴다.

## PRACTICE 4                                              p.93

**1** ①    **2** keeps

**해석** 여러분의 이가 건강하고 하얗기를 원한다면 여기에 따라야 할 3가지 조언이 있다. 먼저, 두세 달마다 칫솔을 바꿔라. 그보다 더 오래 칫솔을 계속 사용하면 여러분의 입에 박테리아를 옮기게 될지도 모른다. 다음, 혀의 플라크를 제거하기 위해 매일 아침 설태 제거기를 사용해라. 혀에 박테리아가 쌓이는 것은 여러분의 입 냄새의 원인일 수 있다. 마지막으로 자기 전 그리고 아침에 가장 먼저 이를 닦아라. 플라크를 이에서 제거해주는 침이 밤에는 마른다. 그래서 자기 전에 이에서 모든 플라크를 없애는 것이 좋다. 아침에 가장 먼저 이를 닦는 것은 자는 동안 쌓인 플라크와 박테리아를 청소하는 데 도움이 될 수 있다.

**문제 해설** (A) keep은 뒤에 동명사를 써서 '계속 ~하다'의 의미로 쓰이고, (B) 박테리아가 혀에 쌓이는 것이 입 냄새의 원인(cause)이 되며, (C) 사역동사 have의 목적어 플라크는 닦여지는 것이므로 수동의 의미를 나타내는 과거분사 cleaned를 써야 한다.

**서술형 문제 해설** 주격 관계대명사는 앞에 있는 선행사와 동격이므로 관계대명사 that 뒤에 나오는 keep의 주어는 Saliva이다. 주어가 단수이므로 단수형인 keeps를 쓴다.

## 장문 독해                                              p.94

**1** ④    **2** 알지 못하는 열매를 따서 맛을 보는 것

**해석** 사과의 씨를 다량 섭취하면 독성이 있을 수 있다는 것을 알고 있었는가? 토마토 잎이나 감자의 싹은 어떤가? 이런 모든 예는 인간들에게 약하게 독성을 가지는 식물의 부분들이다. 이 식물들을 우리에게 독소가 없도록 준비할 수는 있다. 그러나 그것들은 야생 상태에서 우연히 섭취

하는 다른 동물들에게는 여전히 위험할 수 있다. 식물들은 움직이지 못하기에 이런 독성 부분을 방어체계로 가지고 있다. 또한 인간에게 치명적인 반응을 일으킬 수 있는 딱총나무 열매와 같은 식물도 존재하는데 이것의 뿌리는 독성이 있다. 게다가, 엄밀히 따져서 식물로 분류되진 않지만 특정 버섯은 섭취하면 치명적이다. 그런 버섯의 한 예가 흰알광대버섯으로 사람의 간을 치명적으로 손상시킨다. 그러니 다음에 숲을 거닐 때 알지 못하는 열매를 따서 맛을 보는 일은 하지 마라 — 그것은 당신을 매우 아프게 할지도 모른다!

**문제 해설** 앞에서 일부 버섯이 치명적이라고 했고 그 예가 흰알광대버섯이므로 benefits가 아니라 harms 혹은 damages를 써야 한다.

**서술형 문제 해설** 앞 문장에서 알지 못하는 열매를 따서 맛을 보는 일을 하지 말라고 하며 그것이 아픈 원인이 된다고 뒤에서 설명한다.

---

### Word Check                                            p.95

| | | |
|---|---|---|
| 1 crowd | 2 international | 3 basically |
| 4 impression | 5 win | 6 celebrate |
| 7 religious | 8 fatal | 9 nontoxic |
| 10 seed | 11 diplomat | 12 advertise |
| 13 ② | | |

**해석** 1 아트센터 앞에 많은 군중들이 있었다.
2 UN은 국제기구이다.
3 나는 기본적으로 운동을 싫어한다.
4 첫인상은 면접에서 매우 중요하다.
5 David는 경기에서 이겨서 신이 났다.
6 나의 가족은 엄마의 생신을 축하하기 위해 외식하러 갔다.
7 국가 : 국가의 = 종교 : 종교의
8 숲 : 숲 = 치명적인 : 치명적인
9 거대한 : 작은 = 독성의 : 무독성의
10 주로 과일 안에 있는 작고 딱딱한 부분
11 국제 협상을 다루는 사람
12 주로 뭔가를 팔기 위해 사람들에게 무엇을 알리다
13 그의 영어 실력은 조금씩 나아지고 있다.

---

# Unit 12 글의 순서 배열하기

## Example ⑤                                              p.97

**해석** 전 세계의 거의 모든 문화가 외국인들이 매년 참석하기 위해 여행하는 세계적으로 유명한 축제를 가지고 있다. 가장 아름다운 축제 중 하나가 "베니스의 축제"이다. 이 축제는 수백 년이 되었고 이탈리아의 베니스에서 열린다. 이 축제의 참가자들은 서로에게 자신의 정체를 서로에게 감추기 위해서 화려한 의상과 가면을 쓴다. 가면은 조잡하게 만들어지거나 단순한 가면부터 섬세하게 칠한 도자기 가면까지 다양하다. 이런 변장은 모두가 한동안 계급이나 인종, 성별을 잊어버리고 그저 좋은 시간을 보내도록 해준다.

### ✕ PRACTICE

**1** **1** ③    **2** (음식에) 소금을 덜 쓰게 하는 것
**2** **1** ②    **2** They are frogs and scorpions.
**3** **1** ③    **2** for
**4** **1** ④    **2** is
**장문 독해** **1** ③    **2** the world went on as usual

## PRACTICE 1

**1** ③ **2** (음식에) 소금을 덜 쓰게 하는 것

**해석** 양념은 음식의 향과 맛에 대단히 좋은 첨가물이 된다. 양념은 말린 씨앗, 껍질, 뿌리 혹은 열매일 수 있다. 다른 양념들이 다른 음식보다 특정 음식과 궁합이 더 잘 맞는다. 예를 들어 로즈마리는 감자와 궁합이 아주 잘 맞고 오레가노(허브의 일종)는 파스타의 토마토 소스와 잘 맞는다. 애플파이는 계피를 뿌리지 않으면 완벽하지가 않고 좋은 스테이크는 방금 간 후추를 뿌리면 훨씬 더 낫게 된다. 음식에 양념을 더하는 것은 음식을 더 즐길 수 있게 도와줄 뿐 아니라 역시 소금을 덜 쓰게 해주며, 이는 고혈압이 있는 사람에게 좋다.

**문제 해설** 양념의 재료와 궁합에 대해 소개하고 예를 들고 나서 추가적으로 양념은 맛뿐 아니라 소금을 덜 쓰게 하여 고혈압 환자들에게 좋다는 설명으로 끝을 맺는다.

**서술형 문제 해설** 계속적 용법의 관계대명사 which는 명사뿐 아니라 구와 절을 선행사로 받을 수 있다.

## PRACTICE 2
p.99

**1** ② **2** They are frogs and scorpions.

**해석** 우리 인간은 과학자들이 말하는 소위 "온혈 동물"인데, 이것은 우리가 우리 체온을 항상 섭씨 약 36.5도의 일정한 상태로 유지한다는 의미이다. 우리는 체온이 급격히 오르거나 떨어지면 약해져서 질병에 걸리기 쉽기 때문에 우리의 에너지 대부분을 일정한 온도를 유지하는 데 쓴다. 그러나 개구리나 전갈과 같은 다른 동물들은 그들이 있는 장소에 따라 체온이 변해서 그들로 하여금 에너지를 근육을 만드는 등의 다른 곳에 쓰게 해준다. 게다가 그들의 몸이 환경의 열 수준에 맞추기 때문에 그들의 신진대사는 있는 장소에 따라 속도를 올리거나 낮출 수 있다.

**문제 해설** 인간을 포함한 온혈 동물은 에너지를 체온 유지에 대부분 쓰지만 다른 동물들은 변온 동물이기에 다른 곳에 에너지를 쓴다. 마지막에는 변온 동물에 대한 추가정보를 설명하고 있다.

**서술형 문제 해설** 온혈 동물을 설명하고 However라는 대조를 나타내는 부사를 써서 변온 동물을 설명하며 예로 개구리와 전갈을 제시하고 있다.

## PRACTICE 3
p.100

**1** ③ **2** for

**해석** 단지 한 세대 전까지만 해도 가족들이 3~4명 이상의 아이들을 가지고 있는 것이 흔했다. 그러나 집에 있는 엄마들의 수가 줄어들고 일하는 부모들이 일반적인 것이 되면서 매년 태어나는 아기들의 수가 급격히 줄어들고 있다. 많은 부모들은 그것이 그들이 일을 쉬면서 아이들을 키울 시간이 없기 때문이라고 말한다. 게다가, 비싼 교육비를 포함해서 아이 양육비가 너무 높다. 이를 보완하기 위해 많은 지방 정부들은 한 명 이상의 자녀를 가진 부모들에게 의료보조금과 주택보조금을 포함한 경제적 도움을 제공한다.

**문제 해설** 예전 세대와 지금 세대의 비교(However) → 자녀들의 수가 줄어든 이유 → 대책

**서술형 문제 해설** to부정사의 의미상 주어는 「for + 목적격」을 쓴다.

## PRACTICE 4
p.101

**1** ④ **2** is

**해석** 퓨전 음식은 서로 다른 문화의 맛을 결합한 음식의 종류이다. 예를 들어 유명한 종류의 퓨전 음식으로 자장면이 있는데, 이는 중국의 냉면의 한 종류를 한국식으로 변형시킨 것이다. 또 하나의 퓨전 음식 종류는 Texmex인데, 이것은 미국 텍사스 지역에서 발달된 멕시코 음식이다. 그 지역에 멕시코 이민자의 수가 많았기 때문에 그들이 고향에서 먹던 전통 음식이 그들이 접근 가능한 재료와 요리 환경에 맞추기 위해 변형되었다.

**문제 해설** 퓨전 음식의 예(For example) → 또 다른 예(Another) → 두 번째 예의 배경

**서술형 문제 해설** 주격 관계대명사절의 동사는 선행사를 보고 결정한다. 선행사가 단수(jjajangmyun)이고 일반적인 사실을 나타내므로 시제는 현재이다.

## 장문 독해
p.102

**1** ③ **2** the world went on as usual

**해석** 마야 달력은 기원전 5세기만큼이나 오래전에 시간을 기록하기 위해 쓰였던 아주 복잡한 달력 체계였다. 그 달력은 우리가 가진 것과 매우 비슷하게 연도를 기록하는 체계를 가지고 있었으나 또한 "우주 사이클"이라는 더 긴 기간을 기록하기도 했다. 또 하나의 독특한 특징은 마야 달력이 태양이나 달을 토대로 한 대신 금성을 토대로 하고 있었다는 것이다. 사실 이 달력은 매우 복잡해서 밤하늘에서 달과 금성의 위치를 예측할 수 있었다. 그건 그렇고 마야 문명이 더 이상 존재하지 않기 때문에 그 달력은 최신 정보는 알 수 없었으며 이것은 많은 음모론자들이 2012년 자연재해가 지구를 파괴할 것이라고 믿게 했다. 이것은 많은 영화의 아이디어를 만들어냈지만 결국 세상은 평소대로 돌아갔다.

**문제 해설** 마야 달력과 지금의 달력과 차이점 → 마야 달력의 또 하나의 특징(Another) → 화제 전환: 마야 달력의 2012년 재앙 예언(By the way)

**서술형 문제 해설** 세상은 the world 계속되다(돌아가다) go on 평소대로 as usual

---

### Word Check
p.103

1 temperature    2 generation    3 traditional
4 complete    5 modified    6 unique
7 decrease    8 drop    9 traditional
10 spice    11 ingredient    12 evolve
13 ②

---

**해석** 1 카멜레온은 체온을 조절하기 위해 색을 바꾼다.
2 젊은 세대는 나이 든 세대와 다르기를 원한다.
3 김치는 한국의 전통 음식 중 하나이다.
4 Andy의 프로젝트는 완전한 실패였다.
5 그들은 자신들의 세금 정책을 좀 더 수정했다.
6 하와이로의 나의 여행은 독특한 경험이었다.
7 음식 : 음식 = 줄다 : 줄다
8 빠르게 : 느리게 = 오르다 : 떨어지다

**18** Reading 16 Level 2

9 우주 : 우주의 = 전통 : 전통의
10 맛을 더하기 위해 음식에 넣는 것
11 무엇을 요리하는 데 쓰는 것들

12 조금씩 다른 형태로 변하다
13 그의 실패는 주로 그의 게으름 때문이다.

# Unit 13 심경 및 분위기 파악

## Example ②
p.105

해석  길모퉁이에 큰 집이 하나 있다. 아무도 누가 거기 사는지 모른다. 그러나 나는 그 집이 버려진 집이 아니라는 것을 안다. 왜냐하면 가끔 거기서 음악소리가 들리기 때문이다. 사람들은 그 집이 재산 때문에 죽임을 당한 남자의 유령이 나온다고 말한다. 아무도 감히 안에 들어가서 그 이야기들이 사실인지 알아내려고 하지 않는다. 가끔 나는 내 자신이 벨을 누르는 것을 상상하지만 너무 무서워서 이내 포기한다. 나는 그 집의 미스터리가 당분간은 풀리지 않은 채 남아 있을 것이라고 생각한다.

문제 해설  ① 재미있고 흥미로운 ② 궁금하고 무서운 ③ 흥미롭고 행복한 ④ 슬프고 우울한 ⑤ 우울하고 따분한

## ✖ PRACTICE

1  1 ③    2 strange something → something strange
2  1 ④    2 cheated
3  1 ⑤    2 for me
4  1 ⑤    2 집에 돌아오는 길에 나는 울고 싶었다.
장문 독해  1 ③    2 whether

## PRACTICE 1
p.106

1 ③    2 strange something → something strange

해석  그날은 나의 부모님의 결혼기념일이었고 나는 부모님이 시내에 영화 보러 가신 동안 내 여동생을 돌봐주기로 동의했다. 나는 저녁 내내 동생을 돌보는 데 시간을 썼고 마침내 그녀는 자정이 거의 다 되어 잠이 들었다. 나는 잠자리에 들기 전에 잠시 TV를 보기로 했다. 갑자기 우리 강아지 Terry가 큰 소리로 짖기 시작하더니 문 쪽으로 달려갔다. 마치 강아지가 밖에서 이상한 무언가를 감지한 것 같았다. 내가 무엇인지 알아보려고 문으로 갔을 때 나는 긁는 소리를 들었다. 그것은 누군가가 들어오려고 하는 소리처럼 들렸다.

문제 해설  부모님 없이 동생과 둘이 집에 남아 있는데 밤 늦게 문밖에서 이상한 소리가 나고 있다. ① 흥미로운 ② 신 나는 ③ 겁먹은 ④ 짜증이 난 ⑤ 놀란

서술형 문제 해설  something과 같이 뒤에 -thing이 붙는 대명사는 형용사가 뒤에서 수식한다.

## PRACTICE 2
p.107

1 ④    2 cheated

해석  어느 날 우리 담임선생님이 나와 내 친구를 교무실로 부르셨다. 그는 화가 난 듯했고 우리는 이유를 알지 못했다. 그는 우리에게 매우 실망했다고 하시면서 우리의 수학시험지를 보여주셨다. 놀랍게도 그 두 시험지는 정확히 똑같았고 나는 내 눈을 믿을 수 없었다. 나는 거의 밤을 새서 시험을 준비했기 때문에 부정행위를 할 이유가 없었다. 물론 내 친구 Josie도 이유가 없었는데 왜냐하면 그녀는 우리 반에서 수학을 제일 잘했기 때문이다. 나는 내가 부정행위를 하지 않았다고 설명하려 했으나 선생님은 내 말을 들으려고 하지 않으셨다.

문제 해설  자신은 열심히 공부해서 수학시험을 풀었는데 부정행위를 했다고 오해를 받고 있다. ① 따분한 ② 창피한 ③ 자랑스러운 ④ 화난 ⑤ 미안한

서술형 문제 해설  선생님은 두 학생이 수학 시험에서 부정행위를 했다고 생각하기에 화가 나 있다.

## PRACTICE 3
p.108

1 ⑤    2 for me

해석  내가 버스에서 내렸을 때 공기부터 달랐다. 공기가 신선하고 깨끗했고 모든 것이 너무 멋져 보였다. 키 큰 녹색 나무들이 오솔길을 따라서 있었고 새들은 마치 우리를 초대하듯이 노래하고 있었다. 내가 조금 더 걸어 들어가자 공원은 마치 아마존 열대우림처럼 보였다. 끝없는 초록색 풀의 물결이 눈이 닿을 수 있는 곳까지 멀리 펼쳐져 있었다. 그건 내가 여태까지 본 가장 아름다운 광경 중 하나였다. 너무 많은 놀라운 나무들과 꽃들이 있어서 나는 그 이국적인 장면들을 사진에 담고 싶어 기다릴 수 없었다.

문제 해설  놀러 간 공원에서 펼쳐진 놀라운 자연경치를 보고 매료되어 자연을 만끽하고 있다.
① 두려운 ② 걱정되는 ③ 역겨운 ④ 초조한 ⑤ 평화로운

서술형 문제 해설  to부정사의 의미상 주어는 「for + 목적격」을 쓴다.

## PRACTICE 4
p.109

1 ⑤    2 집에 돌아오는 길에 나는 울고 싶었다.

해석  어제는 내 생일이었는데 아무도 기억하지 못하는 것 같았다. 아침에 나의 부모님은 그것에 대해 아무 말씀도 하지 않으셨다. 그들은 평소처럼 나에 대해 챙겨 주셨지만 그게 다였다. 심지어 학교에서도 내 친한 친구들이 내 생일을 전혀 언급하지 않았다. 그들 중 몇몇은 심지어 내게 인사도 하지 않았다. 학교가 끝나고 나는 꽤 우울해지기 시작했다. 집에 돌아오는 길에 나는 울고 싶었다. 그러나 내가 집의 문을 열었을 때 불이 켜지면서 모두가 "생일 축하해"라고 소리쳤다. 나는 내 생일에 그들과 함께 있는 것이 너무 감사하고 행복했다.

문제 해설  주인공의 생일인데 가족과 친구들이 모두 모르는 척하다가

나중에 그를 위해 깜짝 파티를 열어준다는 내용이다. ① 두려운 → 스트레스받는 ② 따분한 → 재미 있는 ③ 외로운 → 시기하는 ④ 피곤한 → 슬픈 ⑤ 우울한 → 즐거운
**서술형 문제 해설** 해석 참조

## 장문 독해 p.110

**1** ③  **2** whether

**해석** David, 너는 차에 치일 뻔 했잖니. 내가 한 말 기억 안 나니? 너는 그렇게 갑자기 차도로 뛰어들면 안 돼. 신호등이 파란색이어도 너는 차가 오는지 양쪽을 모두 살펴야 한다. 그 차들은 사람을 주의하지 않아, 특히 아이들은. 게다가 그들은 밤에 보행자를 잘 보지 못해. 그러니 너는 밤에 길을 건널 때 더 조심해야 한다. 너는 차가 얼마나 빨리 너에게 다가올 수 있는지 이해하지 못한다. 너는 운전자가 조심해야 한다고 생각하겠지. 하지만 운전자들은 또한 보행자들이 조심해야 한다고 생각해. 그러니 가장 좋은 것은 네가 어디 있든지 조심해야 한다는 거야. 알겠니? 난 네가 다치는 걸 상상할 수도 없어. 그러니 다신 그러지 않겠다고 약속하렴.
**문제 해설** David가 도로로 뛰어들자 David의 보호자가 그를 걱정하며 하는 당부의 말이다. ① 즐거운 ② 우울한 ③ 걱정되는 ④ 슬픈 ⑤ 흥미로운
**서술형 문제 해설** '~인지 아닌지'의 의미로 쓰이는 접속사는 if와 whether이다.

p.111
### Word Check

| | | |
|---|---|---|
| 1 babysit | 2 disappointed | 3 if |
| 4 upset | 5 investigating | 6 depressed |
| 7 midnight | 8 get off | 9 bark |
| 10 exotic | 11 incredible | 12 pedestrian |
| 13 ② | | |

**해석** 1 너는 이번 주말에 우리 아이들을 돌봐줄 수 있니?
2 나는 당신의 서비스의 질에 매우 실망했다.
3 나는 그가 약속을 지킬 것인지 확신하지 못한다.
4 Jane은 언니가 자신을 무시하자 화가 났다.
5 경찰은 용의자를 조사하느라고 24시간을 보냈다.
6 비가 오면 나는 우울하다.
7 오후 12시 : 정오 = 오전 12시 : 자정
8 기억하다 : 잊다 = 타다 : 내리다
9 인간 : 소리지르다 = 개 : 짖다
10 특이하고 흥미로운, 먼 나라에서 유래한
11 놀랄 만큼 그리고 지극히 좋은
12 차를 타고 가는 사람이 아닌 걷는 사람
13 나는 이런 날씨에는 하이킹 가고 싶다.

# Unit 14 연결사 넣기

## Example ② p.113

**해석** 수천 년 동안 세계를 당황하게 만들었던 수천 가지의 미스터리들이 있다. 그중 많은 것들이 여전히 설명되지 않았다. 예를 들어서, 태평양에는 돌로 만들어진 거대한 얼굴상이 수십 개가 있는 "이스터섬"이라고 부르는 섬이 있다. 그 조각상들은 땅밑 깊이 연장되어 있으며 아무도 누구에 의해, 언제 혹은 어떻게 그 조각상이 세워졌는지 모른다. 또한 영국에도 "스톤헨지"라고 부르는 비슷한 신비의 석조 건축물이 있다. 스톤헨지는 자동차만큼 큰 화강암 건축물들을 배열해 놓은 것이다. 일부 사람들은 스톤헨지가 동지와 하지의 시기를 예측하는 고대의 달력이라고 추측하지만 아무도 확실히 모른다.

### ✕ PRACTICE

1 **1** ②  **2** many
2 **1** ③  **2** whether the mummies are real or fake
3 **1** ⑤  **2** with
4 **1** ④  **2** Glaciers also covered Northern Europe
**장문 독해**  **1** ④  **2** This will give a good rhythm to you

## PRACTICE 1 p.114

**1** ②  **2** many

**해석** 자연재해는 자연과 관련된 재해이며 홍수, 태풍, 지진, 화산분출 등이 포함된다. 그들은 환경과 인구에 엄청난 손해를 끼칠 수 있다. 이 때문에 국제 적십자사와 같은 자연재해를 입은 나라들에게 구호를 제공하는 기구들이 존재하는 것이다. 게다가 많은 나라와 기구들이 재해를 입은 나라를 여러모로 자원해서 돕는다. 예로 2014년 아프가니스탄에서 큰 산사태가 있었는데 그곳에 즉각적인 전 세계의 도움이 전해졌다. 많은 지원 단체가 생존자들을 위한 음식과 물, 그리고 의료용품들을 보내왔다.
**문제 해설** 빈칸 앞에는 자연재해를 입은 나라들을 구호하는 기구들의 존재를 이야기하며 뒤에는 많은 나라와 기구들이 자원해서 돕는 경우를 이야기하므로 같은 맥락이라고 볼 수 있다. 또한 이들이 돕는 예시를 두 번째 빈칸 뒤에서 제시하고 있다.
**서술형 문제 해설** a number of는 셀 수 있는 단어의 복수형과 함께 쓰이는 "많은"의 의미를 가지는 표현이다.

## PRACTICE 2 p.115

**1** ③  **2** whether the mummies are real or fake

**해석** 최근에 페루에서 손가락이 세 개인 미라 세트가 발견되었다. 그 미라들은 신비한 동굴의 발굴 동안 출토되었다. 러시아의 Korotkov 교수는 그들이 인간이 아니고 외계인일지도 모른다고 말했다. 그는 미라들이

인간처럼 보이지만 인간이 아니라고 설명했다. 또 한 명의 뼈 전문가인 Vivanco 박사는 그 유골이 사람이 아니라는 데 동의했다. 일부 다른 과학자들은 회의적이다. 그들은 이상한 세 손가락과 세 발가락을 가진 시체들이 가짜라고 생각한다. 그러나 Vivanco 박사는 그들이 가짜가 아니라 진짜라고 주장했다. 그는 "이런 특성들을 가진 두개골을 재구성한다는 것이 매우 어려울 것이다."라고 말했다. 그는 만약 그것들이 가짜라면 자신이 그것을 가장 먼저 보고할 것이라고 주장했다. 여전히 과학자들은 그 미라가 진짜인지 혹은 가짜인지에 대해 의견이 갈린다.

**문제 해설** 일부 과학자들이 유골이 가짜라고 생각한다는 말 다음에 Vivanco 박사가 진짜라고 주장하고 있으므로 However가 맞는다. 앞에서 Vivanco 박사가 진짜라고 주장한다는 의견이 나온 다음에 과학자들이 여전히 의견이 분분하므로 Still이 정답이다.

**서술형 문제 해설** '접속사 + 주어 + 동사'의 순서로 쓴다.

---

## PRACTICE 3                                    p.116

**1** ⑤   **2** with

**해석** 당신에게 가장 기억에 남는 여행은 무엇인가? 가족끼리 해변으로 간 휴가 여행인가 아니면 제주도로 간 학교 졸업여행인가? 이런 여행들은 우리에게 많은 잊지 못할 기억들을 남긴다. 또한, 그들은 당신이 여행에 함께 했던 사람들 사이에 더 강한 유대감을 만든다. 이런 여행의 가장 좋은 부분은 이국적인 장소의 신나는 경치나 그 지역 식당의 맛있는 음식들이 아니다. 대신에 당신이 사랑하는 사람들과 좋은 시간을 보내고 아름다운 추억을 나누게 된다는 사실이다. 사진은 종종 이 소중한 순간을 포착하는 훌륭한 방법이다.

**문제 해설** 빈칸 (A) 뒤에는 앞의 문장에 이어 여행이 주는 장점을 쓰고 있고 (B) 뒤에는 여행의 가장 좋은 부분이 앞의 문장 내용이 아니라 뒤의 문장 내용이라고 설명한다.

**서술형 문제 해설** you were **with** the people on the trip

---

## PRACTICE 4                                    p.117

**1** ④   **2** Glaciers also covered Northern Europe

**해석** 마지막 빙하기는 약 110,000년에서 12,000년 전 사이에 일어났다. 북미에서는 캐나다 모두와 미국의 북부가 빙하, 즉 매우 천천히 움직이는 커다란 얼음 덩어리로 덮여 있었다. 북유럽 또한 빙하로 덮여 있었으며 그 빙하는 멀게는 영국의 북부 해안까지 뻗어 있었다. 그러나 이 두 빙하 사이에 있는 북극해는 완전히 얼지 않았다. 대신에 그것은 보통 얇은 층의 얼음만 가지고 있었으며 어떤 지점에서는 심지어 완전히 녹았다.

**문제 해설** (A) 앞의 내용은 빙하가 어디까지 얼어있었느냐의 내용이지만 뒤의 내용은 북극해가 완전히 얼지 않았다는 내용이다. (B) 앞의 내용은 완전히 얼지 않았다는 내용이고 뒤의 내용은 상당 부분 녹아 있었다는 내용이다.

**서술형 문제 해설** cover는 수동태에서 by 이외의 전치사 with를 쓰는 동사로 Glaciers가 주어가 된다.

---

## 장문 독해                                    p.118

**1** ④   **2** This will give a good rhythm to you

**해석** 당신은 온종일 자주 압도당하는 기분이 드는가? 규칙적으로 식욕

을 잃는가? 무기력하거나 다른 사람과 교류하는 것을 자주 피하는가? 만약 위의 질문을 읽으면서 고개를 끄덕이고 있다면 당신의 정신 건강은 심각한 주의가 필요할지도 모른다. 우리는 당신이 냉장고에 붙이고 마음껏 사용할 체크리스트를 제안한다. 가장 먼저, 합리적인 일상 스케줄을 만들어라. 이것은 당신에게 좋은 리듬과 성취감을 줄 것이다. 다음으로, 규칙적으로 운동하라. 신체와 정신의 많은 질환들이 일주일에 최소 3번 20분씩 운동을 하면 치유될 수 있다. 마지막으로, 당신의 감정을 친구들이나 가족에게 털어놓는 것을 두려워하지 마라. 당신의 걱정을 다른 사람과 나누는 것은 정신 건강에 최고의 약 중 하나이다.

**문제 해설** (A) 앞의 문장에서 목록을 만든다고 했고 first of all이라는 열거를 암시하는 말이 나왔으므로 뒤에 계속 목록을 열거하는 데 필요한 접속 부사를 써야 한다.

**서술형 문제 해설** 4형식을 3형식으로 바꿀 때는 간접목적어 앞에 전치사를 붙여서 직접목적어 뒤로 보낸다. 이때 give는 전치사 to를 취하는 동사이다.

---

### Word Check                                    p.119

| | | |
|---|---|---|
| 1 discovered | 2 approximately | 3 attention |
| 4 frozen | 5 various | 6 helpless |
| 7 accomplishment | 8 enormous | 9 melt |
| 10 survivor | 11 immediate | 12 shallow |
| 13 ② | | |

**해석** 1 콜럼버스는 1492년에 신대륙을 발견했다.
2 그 수술은 대략 10시간이 걸렸다.
3 그녀는 내가 말하는 것에 전혀 주의를 기울이지 않는다.
4 강은 약 1피트의 두께로 얼었다.
5 그 침낭은 여러 사이즈로 나온다.
6 사람들은 아플 때 무기력하게 느낀다.
7 졸업하다 : 졸업 = 성취하다 : 성취
8 기억할 만한 : 잊지 못할 = 거대한 : 거대한
9 첫 번째 : 마지막 = 얼다 : 녹다
10 사고나 재해로부터 계속 사는 사람
11 지연 없이 일어나는
12 맨 위부터 바닥까지 얼마 되지 않는
13 우리는 그 문제에 대한 해결책을 찾아야 한다.

**Example ②** p.121

**해석** 오믈렛 만들기

오믈렛을 위해 필요한 것은 계란 2개, 소금과 후추, 당신이 고른 야채(양파, 버섯, 또는 시금치), 당신이 고른 고기(베이컨 혹은 소시지), 치즈와 식물성 기름이다. 먼저, 그릇에 계란을 풀고, 야채와 고기를 자른다. 팬에 약간의 식물성 기름을 두르고 계란 푼 것을 붓는다. 고기를 요리할 때는 다른 팬을 사용한다. 약 1분 후 썰어 놓은 야채와 익힌 고기를 넣는다. 계란이 거의 된 것 같으면 위에 충분한 치즈를 뿌리고 계란을 반으로 접는다. 기호에 맞게 소금과 후추를 추가한다.

## ✕ PRACTICE

**1** 1 ④  **2** themselves
**2** 1 ⑤  **2** a lot of, many, lots of
**3** 1 ③  **2** substantially
**4** 1 ⑤  **2** whose
**장문 독해 1** ⑤  **2** 앱을 켜서 휴대폰을 침대에 놓으면 밤 사이에 사람의 움직임이나 코골이를 탐지하여 수면 패턴을 분석한다. 그 데이터를 바탕으로 가장 얕은 수면 주기에서 사람을 깨운다.

PRACTICE **1** p.122

**1** ④  **2** themselves

**해석** 애완 물고기 기르기

물고기는 기르기 재미있고 쉬운 애완동물이다. 그것들은 많은 일이나 주의를 필요로 하지 않는다. 물고기는 보통 하루에 한 번 먹으며 식단은 단순하다. 물고기는 몇 마리를 기르느냐에 따라 작은 어항이나 혹은 큰 수족관에서 키울 수 있다. 수조를 치워야 할 때는 할 일이 조금 있다. 몇몇 수족관은 자체 정화가 되지만 가끔은 애완물고기 주인이 집을 청소하는 것을 기억해야 한다. 바다 물고기를 키우는 것은 민물 물고기를 키우는 것보다 보통 더 어렵지만 바다 물고기가 더 많은 모양과 색으로 나온다.

**문제 해설** 바다 물고기를 키우는 것이 민물 물고기 키우는 것보다 어렵다고 설명한다.

**서술형 문제 해설** 주어가 Some aquariums이므로 3인칭 복수형의 재귀대명사 themselves를 쓴다.

PRACTICE **2** p.123

**1** ⑤  **2** a lot of, many, lots of

**해석** Rubik's Cube

일부 부모들은 아이들을 어린 나이에 교육적인 장난감에 노출시키면 그들이 지적인 성인으로 성장하는 데 도움이 될 것이라고 생각한다. 여기에 그런 장난감이 있는데, Rubik's Cube이다. 이것은 모든 색깔이 각 면에 정렬될 때까지 큐브 조각들을 돌리는 것을 포함한다. 많은 연구 결과들은 Rubik's Cube가 공간 추리 능력을 증진시킬 수 있다고 주장하

는데 이것은 아이가 큐브의 구조와 각 면이 다른 면들과 어떻게 연결되어 있는지 이해해야 하기 때문이다. 게다가, 이것은 또한 문제 해결 능력을 개발시키는 것도 돕는다.

**문제 해설** 어린이의 감성적인 성장발달에 도움이 된다는 말은 언급되지 않았다.

**서술형 문제 해설** a number of는 셀 수 있는 명사 앞에 쓰여 "많은"이라는 의미를 나타낸다.

PRACTICE **3** p.124

**1** ③  **2** substantially

**해석** 아래 있는 막대그래프는 글자 식별 성취도 수준을 보여준다. 오렌지색 막대가 학교에 들어올 때 학생들 그룹의 성취도를 보여주는 반면 노란색 막대는 학교에서 1년이 지난 후 같은 학생들의 성취도를 보여준다. 데이터는 '한참 아래'의 범주에 있는 학생들 중 단지 적은 수만이 학교에서 일 년을 지낸 후 같은 범주에 머물렀음을 보여준다. '이내' 혹은 '상위' 범주에 있는 학생들의 수는 두 배 약간 넘게 증가했다. '한참 아래' 범주에 있었던 학생들의 수는 상당히 감소했다. '상위' 범주에 있는 학생들의 수는 다른 어떤 범주에서보다 더 많이 증가했다.

**문제 해설** 'within'이나 'above'의 범주에 해당하는 학생들의 수가 두 배보다 약간 더 증가했다고 했는데 'within' 범주의 학생들은 2.5배 이상 'above'의 학생들은 7배 이상 증가했다.

**서술형 문제 해설** 동사를 수식하는 단어는 형용사가 아니라 부사여야 한다.

PRACTICE **4** p.125

**1** ⑤  **2** whose

**해석** 우리는 무작위로 선택된 100명의 학생들에게 그들의 가장 좋아하는 스포츠가 무엇인지 물었다. 70명이 약간 넘는 학생들이 좋아하는 스포츠가 있다고 말했다. 이 막대그래프는 좋아하는 스포츠가 있는 남학생과 여학생의 수를 나타낸다. 같은 수의 남학생과 여학생이 야구를 가장 좋아한다. 야구를 가장 좋아하는 남학생의 수와 미식축구를 가장 좋아하는 남학생의 수가 같다. 가장 많은 수의 여학생이 축구를 좋아하고 가장 적은 수의 여학생이 농구를 좋아한다. 가장 좋아하는 스포츠가 테니스인 남학생의 수는 가장 좋아하는 게 육상인 남학생의 수보다 두 배가 많다. 농구를 좋아하는 남학생의 수보다 여학생의 수가 훨씬 더 많다.

**문제 해설** 농구를 좋아하는 여학생 수보다 남학생 수가 훨씬 많다.

**서술형 문제 해설** 빈칸 (a)와 (b) 둘 다 앞의 boys를 수식하는 관계대명사 소유격이 들어가야 하는 자리이므로 whose가 정답이다.

**장문 독해** p.126

**1** ⑤  **2** 앱을 켜서 휴대폰을 침대에 놓으면 밤사이에 사람의 움직임이나 코골이를 탐지하여 수면 패턴을 분석한다. 그 데이터를 바탕으로 가장 얕은 수면 주기에서 사람을 깨운다.

**해석** 유용한 앱 "잠의 주기"

얼마나 많은 사람들이 아침에 주저하거나 좌절하지 않고 일어난다고 정

직하게 말할 수 있는가? 그런 사람은 많지 않을 거라고 장담한다. 대부분의 사람들에게 좋은 잠은 이루기 힘들다. 다행히도 밤잠의 질을 향상시키고자 하는 사람들에게 "잠의 주기"라고 하는 좋은 앱이 있다. 이 앱은 "당신의 수면 패턴을 분석하고 가장 얕은 수면 단계에서 당신을 깨우는 생체 알람시계"이다. 기본적으로 당신은 이 앱을 켜놓고 휴대폰을 침대에 놓으면, 그것이 밤 동안 당신의 움직임이나 코골이를 탐지하여 수면 패턴을 분석한다. 이 데이터를 가지고 이 앱은 당신의 가장 얕은 수면 주기에서 당신을 깨우고 당신이 아침에 일어나는 것을 더 쉽게 해준다. 멋지지 않은가? 바로 이 앱을 내려받아 충분한 수면을 취하라.

**문제 해설** 밤잠을 설치는 사람들에게 좋은 앱이라는 내용은 언급되지 않았다.

**서술형 문제 해설** 해석 참조

**해석** 1 Tina는 가족과 직장 중에 선택을 해야만 했다.
2 건강한 음식을 먹는 것이 중요하다.
3 그는 열심히 일해서 성공을 이루었다.
4 상자 안에는 재미있는 것들이 많이 있다.
5 우리는 어젯밤에 늦게까지 도서관에 머물렀다.
6 너는 그 프로그램을 내려받을 수 있다.
7 소고기 : 고기 = 양파 : 야채
8 성공 : 실패 = 증가하다 : 감소하다
9 가르치다 : 선생님 = 소유하다 : 주인
10 빠르고 잘 생각하고 이해할 수 있는
11 어떤 것에 작은 액체 방울을 뿌리는
12 확실하지 않기 때문에 무언가를 하지 않으려는 경향
13 그 농장은 밀 생산량이 증가되었다.

---

## Word Check                                   p.127

1 choice        2 diet          3 achieved
4 fun           5 stayed        6 download
7 vegetable     8 decrease      9 owner
10 intelligent  11 sprinkle     12 hesitation
13 ②

---

# Unit 16 특정 정보 파악

### Example ③                                   p.129

**해석** Amelia Earhart는 대서양을 가로질러 혼자 비행한 최초의 여성이었다. 그녀는 또한 하와이에서 미국 본토로 홀로 비행한 최초의 사람이었다. 그녀는 많은 비행기록을 세움으로써 항공 분야에서 여성들의 발전을 위해 싸웠다. 불행히도 전 세계를 비행하는 동안 1937년 7월 Earhart는 태평양 상공에서 사라졌다. 그녀의 사라짐은 20세기 가장 큰 미스터리 중 하나로 남아 있는데 왜냐하면 그녀의 비행기 잔해가 전혀 발견되지 않았기 때문이다. 많은 역사가들은 그녀가 추락해서 가라앉았을 것이라고 믿는다. 다른 이들은 그녀가 외딴 섬에 착륙하게 되었을 것이라고 생각한다. 또한 다른 사람들은 그녀가 일본을 정찰하다가 일본인들에게 사로잡혔을지도 모른다고 생각한다. 여태까지 이 미스터리를 푼 사람은 아무도 없었다.

### ✕ PRACTICE

1  1 ④    2 Unless we have enough dopamine released in our body
2  1 ⑤    2 with
3  1 ④    2 그것은 그럴 가치가 충분히 있었다.
4  1 ③    2 당신이 더 많이 걸을수록 더 건강해진다.
**장문 독해**  1 ④    2 as

### PRACTICE 1                                   p.130

1 ④    2 Unless we have enough dopamine released in our body

**해석** 도파민은 우리의 뇌와 신체에서 발견되는 화학물질이다. 뇌 안에서 그것은 우리가 기쁨과 보상을 감지할 수 있게 해준다. 그것은 음식을 먹는 등의 보상이 되는 경험을 한 후에 자연적으로 분비된다. 그러나 또한 고통을 느끼는 등의 다른 이유로도 분비될 수 있다. 게다가, 그것은 여러 다른 중요한 호르몬을 통제하는 역할을 한다. 뇌 밖에서 도파민은 신체의 특정 부분에서 화학적 메시지를 전달한다. 우리 신체에서 충분한 도파민을 분비하지 못하면 파킨슨병과 같은 질병으로 이어질 수 있다.

**문제 해설** 도파민은 뇌 밖의 특정 신체 부위에서 화학적 메시지를 전달한다고 언급하고 있다.

**서술형 문제 해설** unless는 "if ~ not"의 의미를 가진다.

### PRACTICE 2                                   p.131

1 ⑤    2 with

**해석** 독점은 하나의 기업체가 제품이나 서비스를 제공하는 데 경쟁자가 없을 때 일어난다. 많은 사람들은 독점이 지배 기업으로 하여금 제품의 가격을 원하는 만큼 올릴 수 있게 해주기 때문에 독점을 좋아하지 않는다. 그런 경우 소비자가 주로 독점으로부터 가장 피해를 많이 입는 대상이 된다. 반면 기업들은 독점이 자신들에게 많은 돈을 제공하기 때문에

이 형태를 당연히 좋아한다. 이것이 왜 시장에서 공정한 경쟁을 보장하기 위해 기업체가 운영되는 방식을 규제하는 많은 법이 있는지를 설명해 준다.

**문제 해설** 독점은 기업에게만 이익이 되고 소비자들에게 피해를 주기 때문에 규제하는 법이 마련되어 있다고 설명한다.

**서술형 문제 해설** provide A with B: A에게 B를 제공하다

## PRACTICE 3 　　　　　　　　　　　　　　p.132

**1** ④　**2** 그것은 그럴 가치가 충분히 있었다.

**해석** 파블로 피카소는 스페인 출신의 가장 유명한 예술가들 중 한 명이다. 피카소는 회화, 소묘, 조각, 도예, 그리고 심지어 무대 디자인과 집필 분야에서도 작업했다. 그것보다도 그는 추상적인 회화 스타일로 가장 잘 알려져 있으며 이는 "입체파"라고 가장 흔히 일컬어진다. 피카소는 16세부터 San Fernando의 Royal Academy에서 그의 기술을 연마했지만 이후 곧 그 자신만의 화법을 추구하기 위해 떠났다. 그것은 충분히 가치가 있는 일이었는데 이유는 그가 20세기의 가장 영향력 있는 예술가들 중 한 명으로 여겨지기 때문이다.

**문제 해설** 피카소는 Royal Academy에서 기술을 연마하다가 곧 나와서 자신만의 화법을 추구했다고 설명한다.

**서술형 문제 해설** be worth + 명사/동명사: ~할 가치가 있다

## PRACTICE 4 　　　　　　　　　　　　　　p.133

**1** ③　**2** 당신이 더 많이 걸을수록 더 건강해진다.

**해석** 걷기의 이로운 점의 목록은 끝이 없다. 그것은 체중을 줄이고 다리 근육을 더 튼튼하게 해준다. 이런 잘 알려진 신체적 효과 이외에도 걷기에는 놀라운 장점들이 있다. 먼저, 걷기는 당뇨를 예방하는 데 도움을 준다. 영국의 과학자들의 최근 연구는 일주일에 5번을 빠르게 걷는 사람들이 당뇨의 발병에 더 강한 저항력을 보였다고 보고했다. 두 번째로 걷기는 뇌졸중의 위험을 낮춘다. 미국의 한 대학의 또 다른 연구는 자주 규칙적으로 걷는 사람들이 뇌졸중을 겪을 가능성이 40% 더 낮다는 것을 보여주었다. 전반적으로 당신이 더 많이 걸을수록 더 건강해진다.

**문제 해설** 걷기의 장점으로 언급되지 않은 것은 체중이 증가하는 것이다. ① 걷기는 더 날씬해지도록 도와준다. ② 걷기는 다리 근육을 더 강하게 만든다. ③ 걷기는 체중을 늘이는 데 도움을 준다. ④ 걷기는 뇌졸중의 가능성을 줄이는 데 도움을 준다. ⑤ 걷기는 당뇨를 예방하는 데 도움을 준다.

**서술형 문제 해설** the + 비교급 ~, the + 비교급 ...: 더 ~할수록 더 …하다

## 장문 독해 　　　　　　　　　　　　　　p.134

**1** ④　**2** as

**해석** 커피는 한국에서 물 다음으로 가장 대중적인 음료일지도 모른다. 당신이 한 블록에서 3개의 커피숍을 발견하는 것은 드문 일이 아니다. 게다가 테이크아웃 커피 컵을 들고 있는 사람들을 발견하는 것은 훨씬 더 흔하다. 한국의 거리에서 볼 수 있듯이 커피에 중독된 사람들의 수가 점점 더 늘어나고 있다. 왜일까? 커피는 엄청난 양의 카페인을 가지고 있으며 카페인은 중독성 물질로 알려져 있다. 아직 중독되지 않은 사람들에게 커피는 여전히 그들의 가장 좋아하는 음료수이다. 한 가지는, 그들

이 커피의 맛과 향 때문에 커피를 마시기를 좋아한다는 것이다. 또 다른 이유는 커피가 사람을 더 경각시키고 집중하게 한다는 것이다. 많은 직장인들이 이런 이유로 커피를 즐긴다. 그러나 카페인은 너무 많이 마시면 일부 부작용을 일으킬 수 있다. 예를 들어, 밤에 잠자는 데 어려움이 있는 사람은 저녁 식사 후에 커피를 마시지 않는 게 좋다.

**문제 해설** 식사 후에 식곤증을 없애준다는 설명은 언급되지 않았다.

**서술형 문제 해설** '~로써'의 의미를 나타내는 전치사는 as

---

### Word Check 　　　　　　　　　　p.135

1 experience　　2 well-known　　3 favorite
4 guarantee　　5 endless　　6 competition
7 uncommon　　8 influential　　9 artist
10 caffeine　　11 physical　　12 consumer
13 ②

---

**해석** 1 나는 이런 종류의 일에 대한 경험이 전혀 없다.
2 이 책의 작가는 유럽에서 유명하다.
3 그녀는 공부하면서 그녀가 좋아하는 CD를 듣는다.
4 나는 당신의 항공편이 지연되지 않을 거라는 장담을 할 수 없다.
5 내가 감사해야 하는 사람들의 목록이 끝이 없다.
6 우리는 이것이 공정한 경쟁이 되기를 바란다.
7 유명한 : 유명한 = 드문 : 흔하지 않은
8 중요성 : 중요한 = 영향 : 영향력 있는
9 조각 : 조각가 = 예술 : 예술가
10 보통 커피에서 발견되는 사람을 더 활동적으로 만드는 화학물질
11 정신보다는 신체와 관련된
12 물건을 사거나 서비스를 이용하는 사람
13 스트레스는 심각한 건강문제를 초래할 수 있다.